Das große Buch der Sprossen und Keime

Rose-Marie Nöcker

Das große Buch der Sprossen und Keime

Mit vielen Rezepten

Weltbild

Genehmigte Lizenzausgabe für Verlagsgruppe Weltbild GmbH,
Steinerne Furt, 86167 Augsburg

Veröffentlicht 1987 im Wilhelm Heyne Verlag
GmbH & Co. KG, München
Umschlaggestaltung: GREENSTUFF, Iris & Jochen Grün, München
Umschlagmotiv: StockFood, München
Gesamtherstellung: aprinta Druck GmbH & Co. KG,
Senefelderstraße 3–11, 86650 Wemding

Printed in Germany

ISBN 3-8289-1160-9

2006 2005 2004 2003
Die letzte Jahreszahl gibt die aktuelle Lizenzausgabe an.

Diese Arbeit widme ich
Julia,
der schönen Gärtnerin.

Vorwort 11

I – Grundgedanken

Warum ein neues Sprossenbuch? 14
Die Geschichte der Sprossen 18
Sprossen in der Ernährungswissenschaft 23
Ein Same erwacht 26

Die Sprosse und ihre Inhaltsstoffe
Enzyme: Zündstoffe für den Organismus 28
Vitamine bewirken Widerstand 30
Mineralien und Spurenelemente für die Feinarbeit 34

Warum Sprossen?
Lebensfrische und Geschmack 38
Gegen das tägliche Gift 39
Ökonomie für Natur und Mensch 41
Gegen Übergewicht 44
Nahrung für Seele, Leib und Geist 45
Zusammenfassung: Warum Sprossen? 47

Die 12-Tage-Kräuter
Der kleine Unterschied 48
Das grüne Geheimnis 49
Was macht das Kraut so grün? 50
Aus der Geschichte des grünen Blattes 50
Über die Heilwirkung des Chlorophylls: wie außen, so innen . 52
Weizengrassaft 55
Die Tradition der heilenden Würzkräuter 60
Die Wirkung der Würzkräuter 61

Der Zimmergarten hat keinen Zaun
Der Kern der Sache 66

Welches Saatgut für den Zimmergarten? 67
Samenmischungen für die Sprossenzucht 70
Das Wasser 71
Die Bedeutung des Lichtes in der Sprossenzucht 72
Geräte für die Sprossenzucht 74
Grundsätzliches über die Sprossenzucht 76
Gründe, weshalb Sprossen nicht keimen 78
Die Sprossenzucht am Beispiel der Mungbohne 80

Die Praxis der Grünkrautzucht

Geräte für die Grünkrautzucht 83
Die Erde 85
Der Anbau der 12-Tage-Kräuter in Erde 89
Der Anbau ohne Erde 90
Erntegedanken 93
Was tun bei Schimmel? 94

II – Samenbiographie

Der Weg 98
Alfalfa, siehe Luzerne
Adzukibohne 98
Bockshornklee 103
Buchweizen 109
Erbse 113
Gerste 117
Hirse 123
Kichererbse 127
Kresse 131
Kürbis 135
Leinsamen 139
Linse 145

Luzerne 149
Mungbohne 155
Rettich 159
Roggen 163
Senf 167
Sesam 171
Gelbe Sojabohne 175
Sonnenblume 181
Weizen 187
Tabellarische Übersicht 193
Die »Aura« der Pflanzen 195
Vom inneren Garten 200

III – Rezepte aus dem Reich des Lebendigen

Eßkultur im 21. Jahrhundert 204
Roh oder gekocht? 207
Vorsichtsmaßnahmen bei Rohkost? 210
Fleisch in der Küche der Sprosse? 212
Der sanfte Weg in die Sprossenküche 215
Zutaten in der Sprossenküche 212

Die grüne Revolution in der Küche

Grassaft 222
Sonnensalate 226
Der vollwertige Salat 230
Praktische Hinweise für die Küche der Sprossen u. Grünkräuter 231

Grundrezepte

Salatsauce 234
Nußpasten 234
Gemüsecremes 239

Obstcremes 243
Suppen auf meine Art 244
Sorbets für Festtage 245

IV – Rezepte von A–Z

Adzukibohnensprossen für Michel de Montaigne 248
Bockshornkleesprossen für Jiddu Krishnamurti 250
Buchweizengrün für Prentice Mulford 252
Erbsensprossen für Are Waerland 254
Gerstensprossen für Ralph Waldo Emerson 256
Hirsesprossen für Pythagoras 260
Kichererbsensprossen für Jean-Jacques Rousseau 262
Kresse für Bircher-Benner 267
Kürbissprossen für Leonardo da Vinci 268
Leinsamensprossen für Frances Moore-Lappé 270
Leinsamengrün für Leo Tolstoi 272
Linsensprossen für Platon 273
Luzernegrün für Albert Schweitzer 277
Mungbohnensprossen für Mahatma Gandhi 279
Roggensprossen für Bernard Shaw 283
Rettichgrün für Ovid 286
Senfgrün für Rabindranath Tagore 288
Sesamsprossen für Percy Shelly 290
Sojabohnensprossen für Sheng Nung 292
Sonnenblumengrün für Plutarch 295
Weizensprossen für Elly Ney 299
Weizengrün für Ann Wigmore 302
Vom Essen und Trinken 303

Inhalt

Anhang

Weiterführendes Literaturverzeichnis 304
Bibliographie 304
Herstellernachweis 310
Rezepte-Register 311
Stichwortverzeichnis 314

Sonnenblumengrün im Wachstumszyklus

Man muß nicht in allen Punkten mit dem Autor eines Buches übereinstimmen, wenn man dem Wunsch nach einem Vorwort gerne nachkommt.

Ich bekenne mich beispielsweise bedingungslos zu jeder Art von Evolution, so auch zur technischen. »Wo aber Gefahr ist, wächst das Rettende auch«, zitiert die Autorin dieses Buches als Leitmotiv. Man wird dies nach Lesen des Buches so verstehen können, daß uns die Besinnung auf teilweise vergessene Werte einer einfachen, natürlichen Agrikultur – hier am Beispiel der Sprossen demonstriert – über akute Gefahren hinwegzuhelfen vermag. Die Sprossen allein können dies natürlich nicht. Mit der Gefahr wächst aber auch das Bewußtsein für die Gefahr und damit die intellektuelle Leistung – als eine der vornehmsten Aufgaben! –, die Gefahr zu beherrschen oder zu beseitigen, nicht zu verdrängen.

Meines Erachtens werden wir diesen Aufgaben nicht gerecht, wenn wir modernen Interpreten Jean Jacques Rousseaus folgen, indem wir uns »zurück zur Natur« in eine glorifizierte Vergangenheit teilweise oder auch vollständig zu retten versuchen. (Rousseau hat diese Re-Evolutionsformel im übrigen nie gebraucht.)

Man kann aber wohl auch heute noch Rousseau folgen in der Mahnung, die Zukunft nicht ohne die Besinnung auf vergangene Werte meistern zu wollen. Insofern liefert dieses Buch nach meiner Auffassung einen wertvollen Beitrag zur aktuellen Problematik der Ernährung.

Wie die Autorin überzeugend zeigt, bieten einfache Organismen, Sprossen, eine erstaunlich reichhaltige Vielfalt wertvoller Lebensmittel, indem sie die zugeführte Energie effizient in hochwertige Nahrungsbestandteile umsetzen, nahezu alle »essentiellen« Bausteine produzieren – und zudem noch schmackhaft sind, oder, wie Rose-Marie Nöcker in künstlerischer Erfassung »kulinarischer« Bedürfnisse erkennt: schmackhaft gemacht werden können.

Damit zeigen uns die Sprossen tatsächlich einen der Auswege aus dem sattsam bekannten Überangebot an Eßmaterial, das bei Pflanzen oft durch Überdüngung, bei Tieren nicht selten durch Antibiotika und ähnliche Chemikalien ohne Rücksichtnahme auf wahrhaftige Qualität erreicht wird. Die Autorin liefert in gewisser Weise einen fachmännischen Beitrag zur Erfassung dieser Problematik, am eigentlichen Verbraucherinteresse vorbeizuproduzieren, mit dieser Abhandlung über das einfache System der Sprossen. Darüber hinaus erweckt und pflegt sie das Bewußtsein für Qualität. Sie nimmt so eine Aufgabe wahr, die man heute nicht wichtig genug nehmen kann.

Nicht allein die Sprossen sind »das Rettende«, sondern letztlich das Bewußtwerden und die Erfassung der Qualität in einer Situation, in der unsere Nahrungskette von Umweltgiften ebenso bedroht ist wie von der im Hintergrund stehenden fehlorientierten und fehlinformierenden Ökologie und Ökonomie.

Der in solchen Konflikten übliche Ruf nach wissenschaftlicher Begründung verhallt noch. Die tatsächlich dringliche Aufgabe, Qualität »wissenschaftlich« zu erfassen, wurde in den letzten Jahrzehnten ebenso vernachlässigt wie die Qualität selbst. Eine historische Begründung hierfür würde zu weit führen. Einig ist man sich heute lediglich darin, daß zu hohe Schadstoffkonzentrationen qualitätsmindernd wirken. Die eigentlichen Fragen, wie Synergismen, subjektive Komponenten der Ernährung, Nahrung als Information und Ordnungsfaktor, der Wert verschiedener Düngeverfahren, ökologischer Landbau – sind zu umstrittenen »Reizbegriffen« unserer Zeit geworden. Es wird noch eine Weile dauern, bis sich die Wissenschaft ernsthaft damit beschäftigt.

Uns bleibt vorerst die unvoreinnehmbare tägliche Erfahrung, die – wie auf vielen anderen Gebieten auch – Vorreiter und untrüglicher Indikator für die endgültige Beurteilung der verschiedenen »alternativen« Nahrungskonzepte sein wird.

Auch in diesem Sinne ist dieses Buch lebhaft zu empfehlen. Wer seinen Ratschlägen folgt, wird sich in der Praxis selbst ein eigenes Urteil bilden können und sich überdies der Köstlichkeiten erfreuen, die dieses Buch in einer gelungenen Mischung aus künstlerischer und sachlich wohlfundierter Darstellung garantiert.

Fritz-Albert Popp

I

Grundgedanken

Nah ist
und schwer zu fassen der Gott.
Wo aber Gefahr ist,
wächst das Rettende auch.
Friedrich Hölderlin (1770–1843)

Revolutionen werden nicht gemacht, sondern sie kommen. Eine Revolution wächst genauso natürlich wie eine Eiche. Sie entwickelt sich aus der Vergangenheit. Ihre Grundlagen reichen weit zurück.

Wendell Phillips (1811–1884)

Es begann in Amerika. Als ich vor neun Jahren im Hippocrates Health Institute in Boston die Sprossenzucht erlernte, ahnte ich nicht, wie wichtig die Selbstversorgung noch werden könnte. Ich war einer Intuition gefolgt und unterbrach für längere Zeit meine künstlerische Arbeit. Sprossen kannte ich von Kindesbeinen an. In der Saatzucht meines Vaters waren Keimproben zur Überprüfung der Samenqualität tägliche Routine, der ich als Kind begierig gefolgt war.

Der Heyne Verlag gab mir die Chance, die Sprossenzucht nach den erfolgreichen Taschenbüchern auf breiter Ebene vorzustellen. Mit dem Fotografen Joop Greypink erarbeitete ich ein Konzept. Das neue Buch stellt die Sprossen und 12-Tage-Kräuter in den verschiedenen Wachstumsphasen vor. Im Rezeptteil sind die Fotos ganz auf die Natur bezogen und nicht so sehr auf die »feine Eßkultur«.

Mitten in die ersten Arbeiten platzt der GAU. Innerhalb weniger Tage bekommt die Sprosse höchste Aktualität und wird für viele Menschen zur Hoffnung innerhalb der ersten Not.
Seit mehr als 40 Jahren lasten die unausdenkbaren Folgen der Radioaktivität insgeheim auf jedem von uns – 1986 ist mit Tschernobyl das Symptom unserer Zeit hervorgetreten.
Schon lange sind wir aus der Ordnung der Natur gefallen. Unser Gestaltungsdrang ist uns zum Zwang, zum Wahn geworden. Wir haben uns die Erde untertan gemacht, sie nach den Grundsätzen des materialistischen Denkens in einem nie dagewesenen Maße benutzt. Das Feuer des Prometheus und Tschernobyl stehen für die gleiche Sache. Ob wir mit Steinen Holz oder mit Elektronen das Atom spalten, ist in der Rückschau nur ein gradueller Unterschied. Wir selbst haben das Atomzeitalter kreiert, sind seine Nutznießer und die Leidtragenden. Das Maß ist überschritten. Zwischen existentieller Bedrohung und Verharmlosung

der Auswirkung geht es darum, Stellung zu beziehen und trotz der Orientierungslosigkeit zu handeln.

Das heißt, sich auf das persönlich Machbare konzentrieren: zum Beispiel ein Stück Selbstversorgung und die Eigenverantwortung für unsere Gesundheit. Wer dieser Forderung ins Auge sieht, wird Konsequenzen ziehen und nicht nur unter dem Druck der Stunde nach dem Strohhalm greifen.

Nahrungsbeschaffung hatte immer mit Erkenntnis zu tun, mit Vorausdenken und Planung. Viele Hungersnöte haben uns belehrt. Ja, die Geschichte des Menschen ist seit ihren Ursprüngen die Geschichte eines Kampfes ums Überleben und damit um Gesundheit und Nahrung gewesen. Und wie ist es heute? Die Verfügbarkeit vom allerfeinsten Übermaß rund ums Jahr, roh oder geeist, gehört zum Tagesbild der westlichen Zivilisation. Der sichere Griff ins Angebot – todschick verpackt und tafelfein: da schwimmt das tote Vieh zerhackt im Saft der giftigen Querverbindungen. Die moderne Landwirtschaft, mit ihrem energieaufwendigen Pflanzenschutz, der Massentierhaltung und dem dazugehörenden billigen Kraftfutterimport hat in eine Sackgasse geführt. Was für Millionen hungernder Menschen eine tägliche Existenzfrage ist, geht an uns vorbei. Allein das Gift – weltweit – verbindet uns. Im Teufelskreis des Giftes kommen die Schadstoffe zurück. Stärker als wir es wahrhaben wollen, türmt sich Schicht auf Schicht. Höchstgrenzen und Unbedenklichkeitserklärungen der öffentlichen Kontrollen widersprechen sich und verlieren ihre Glaubwürdigkeit. So wie die Natur stirbt, sterben auch wir.

Die gigantische Zunahme der Zivilisationskrankheiten, ein Vorgang der Selbstvergiftung – nicht zuletzt durch falsche Ernährung – ist in der ganzen Welt festzustellen. Die Krankenkassen klagen; die Beiträge steigen ins Uferlose, doch die Menschen werden nicht gesund.

Das System der Moral muß das System der Natur werden.
Novalis (1772–1801)

Warum ein neues Sprossenbuch?

Die Krankheiten befallen uns nicht aus heiterem Himmel, sondern entwickeln sich aus täglichen kleinen Sünden wider die Natur, wenn diese sich gehäuft haben, brechen sie scheinbar auf einmal hervor.

Hippokrates (460–375 v. Chr.)

Was tun?
Solange wir das Marktangebot mit unseren maßlosen Nachfragen ankurbeln, wird sich nichts ändern. Unser Konsumverhalten bestimmt, wie der Nahrungsmittelproduzent mit der Natur umgeht und wieviel Gift wir letztlich schlucken.
Auch biologisch angebautes Gemüse kann nur so gut sein wie der Umraum, in dem es wächst. Entscheidende Veränderungen erreichen wir nur, wenn an der Basis unseres persönlichen Lebens eine Umkehr stattfindet: Bewußte Einschränkung, das Ausschleichen aus dem Marktangebot, hin zu einfachsten Lebensmitteln.

Auch gilt es, mit einem der dümmsten und folgenschwersten Vorurteile zu brechen – dem Mythos Fleisch. Immer noch wollen uns Ärzte und Wissenschaftler glauben machen, allein das Protein vom Tier baue auf und sei tägliches Muß.

Richtig ist, daß Pflanzeneiweiß in der richtigen Kombination – denn darauf kommt es an – weitaus hochwertiger ist als tierisches Eiweiß. Hinzu kommt, daß es leichter aufgenommen und verwertet wird. Unser Körper hat ein höchst wirtschaftlich arbeitendes Stoffwechselsystem, wenn es nicht gestört bzw. mit falscher Nahrung überlastet wird.
Als ernährungspsychologisch günstig ist der Gehalt an Cholesterin und Purinen zu bewerten. Ernstgenommene Ökologie verlangt Veränderung, das heißt, eine entschiedene Abkürzung der Nahrungskette, wo immer das möglich ist. Fleisch ist in jeder Weise eine energetische Umwegernährung für uns und die Erde. Zur Produktion von einem Kilo Fleisch sind sechzehn Kilogramm Soja und Weizen erforderlich. Auch Eier und Käse im Übermaß sind Planetenräuber und machen krank.

Also, essen wir Gemüse, Salate, Körner, Früchte und Sprossen! Sprossen sind heute das einzige Lebensmittel, das als quasi giftfrei zu bezeichnen ist. Kein Gemüse ist energiesparender als Sprossen. Sie vergrößern ihr Volumen um ein Vielfaches im Vergleich zum Samen und sind durch den Keimprozeß vorverdaut. Das heißt, die Inhaltsstoffe

sind aufgespalten und werden darum einfacher von unserem Körper aufgenommen.
Die Qualität der lebensfrischen Sprossen hilft uns, mit den Überbelastungen des vergifteten Umraums fertig zu werden. Sprossen stabilisieren unser Immunsystem.

Das Grünkraut wächst in 12 Tagen und leitet durch das Chlorophyll in Verbindung mit anderen Heilstoffen die Entgiftung und Ausscheidungsprozesse ein.
Durch sein hochwertiges Protein ist Grünkraut eines der wertvollsten Lebensmittel.

Nahrung – und das müssen wir uns immer wieder vergegenwärtigen – ist ein Politikum. Dem Satten mag das gar nicht schmecken, aber jede Minute stirbt ein Kind den Hungertod.
Veränderung beginnt im kleinen: Mit deiner und meiner Eßgewohnheit.

Die Sprosse hilft auf diesem Weg. Wenn wir bereit sind, unsere Passivität aufzugeben, finden wir in der gärtnerischen Arbeit und ihren Früchten Kraft und Selbstvertrauen. Der Zorn über unsere stumme Ohnmacht weicht neuer Zuversicht. Ein Akt der Selbstschöpfung beginnt.
Mit Sprossen kehren die Töchter der großen Mutter Erde zurück und weisen in die Zukunft.

In allen historischen Epochen war es die Aufgabe der Frau, für Nahrung zu sorgen. Doch auch der Mann wendet sich heute, wie in der Vorgeschichte der Sammler, dem pflanzlichen Anbau, dem Schutz der Vegetation, mit wachsender Aufmerksamkeit zu.

Nur was als Gedanke existiert, kann Wirklichkeit werden.
Die Zukunft hat schon begonnen, gebrauchen wir unseren Verstand und gehen mit vollem Herzen an die Arbeit.

Der sich eröffnende neue Weg darf nicht nur überblickt, er muß auch gegangen werden.
Jean Gebser (1905–1973)

Sheng Nung schlug die Kräuter und Bäume mit einer roten Peitsche, begann hunderterlei Kräuter zu kosten.

Soweit Sheng Nung. Der »göttliche Ackersmann« erkannte den Heilgrad und die Giftigkeit einer Pflanze allein an ihrem Geruch.

Vor 5000 Jahren

Um 3000 v. Chr. lebte der »göttliche Ackersmann«, der chinesische Kaiser Sheng Nung Pen Tsao. Er erschloß seinem Volk die Fruchtbarkeit der Felder und lehrte sie die Pflanzenkunde. Aus seiner Hand stammt das große Heilkundebuch, eine Spezifizierung der verschiedenen Pflanzen, Kräuter, Wurzeln und Früchte. (45)

Das riesige Werk war dreigeteilt. Während die erste Pflanzengruppe die reinen Nahrungsmittel betraf, galten die anderen als reine Heilmittel. In der zweiten Gruppe waren neben Sprossen Pilze und Orangen zu finden. Sojabohnen, so hieß es, lindern Krämpfe, beleben die Lungentätigkeit und klären die Haut. Sheng Nung verordnete sie zur Stärkung. Ihre reinigende Wirkung belebt und hilft insbesondere bei Verdauungsschwierigkeiten. Die dritte Gruppe bestand aus den höchst giftigen Pflanzen, die nur in homöopathischer Dosierung verabreicht wurden.

Vor 2500 Jahren

T'ao Hung King überarbeitete das berühmte Pflanzenbuch und vervollständigte es um 365 neue Erkenntnisse. Wieder werden Bohnensprossen erwähnt. Sie gelten als hervorragende Medizin bei:

- Ödemen
- Muskelverzerrungen
- Kniescheibenschmerzen
- Haarproblemen
- Hautunreinheiten

Vor 500 Jahren

Innerhalb der gesamten Neuordnung der chinesischen Medizin in 52 Bänden durch Li Shin Chen haben die verschiedenen Bohnen inmitten der 1892 verzeichneten Medikamente ihren festen Platz. Die schwarze Sojabohnensprosse ist hervorzuheben als:

- Entzündungshemmer und
- Abführmittel

Meister Li gibt folgende Anweisungen zur Auskeimung der Sprossen: »Laß schwarze Bohnen an einem feuchten Tag in klarem Wasser weichen und entferne dann die Hülsen. Wenn die Bohnen zu Sprossen gereift sind, trockne sie im Schatten.« (41) All diese Beschreibungen könnten den Schluß zulassen, daß Sojabohnensprossen, bevor sie in ihrer schillernden Vielfalt von Rot, Blau, Gelb und Grün der sehr verfeinerten chinesischen Küche dienten, reine Medizin waren.

Die unbegrenzte Fähigkeit der Pflanzenwelt, dem höchststehenden Menschen Lebensunterhalt zu bieten, ist eine Region, die bis jetzt von der Naturwissenschaft noch nicht erforscht worden ist. Ich möchte behaupten, daß die Naturwissenschaftler noch keineswegs die verborgenen Möglichkeiten der unzähligen Samen, Blätter und Früchte erkundet haben, um der Menschheit die maximal mögliche Ernährung zu verschaffen.

Mahatma Gandhi (1869–1948)

Adzukibohnen

Das sind solche Sachen, die Natur ist voll davon, und niemand kann sie erklären.
Hermann Hesse (1877–1962)

Vor 200 Jahren

Auf der Suche nach einem Mittel gegen die Seefahrerkrankheit Skorbut entdeckte der englische Mediziner David MacBride 1767, daß frisches Obst und Gemüse die oft tödlich endende Krankheit aufhalten und heilen konnten. Er vermutete eine ähnliche Wirkung bei keimendem Getreide und ließ es bis zur Entwicklung des Keimblattes wachsen. Seine Experimente führten ihn zu einem Extrakt auf der Basis dieser Sprossen, die getrocknet und zu einem Pulver gemahlen wurden. Lange vor der eigentlichen Entdeckung des Vitamin C (1920) wurde diese Medizin erfolgreich verabreicht.

1772–1775, anläßlich der Weltumseglung von Captain James Cook, konnte die Heilwirkung des neuen Mittels unter Beweis gestellt werden. Die gefürchtete Seefahrerkrankheit war besiegt.

Unter dem Druck dieser Tatsache verlieh die Royal Society dem Mediziner MacBride für seine Verdienste die begehrte Copley-Medaille. Angeregt durch MacBrides Forschungen experimentierte James Lind 1774 mit Kresse. Der Samen wurde an Bord auf Leinentüchern zum Keimen gebracht und mit gesammeltem Regenwasser feucht gehalten. (41)

Vor 100 Jahren

Der englische Mediziner C. Curtis gibt eine Schrift heraus, in der er über seine Beobachtungen an gekeimten Hülsenfrüchten in Indien schreibt:

»Nichts ist wichtiger für die Heilung dieser Krankheit (Skorbut) – außer frischer Luft – als frisches Gemüse täglich, Wurzeln oder Grünzeug in ausreichender Menge. Sicher, wir können keinen Küchengarten auf See haben, und es kann nur eine kleine Menge Grünzeug an Bord wachsen; aber Bohnen und Erbsen, Gerste und andere Samen werden durch Einweichen in den Zustand einer wachsenden Pflanze gesetzt, mit allen Lebensprozessen in voller Aktivität, in Keim und Frucht. Wenn sie in diesem Zustand gegessen werden, ohne irgendwelche Zubereitung außer dem Entfernen der Schale, dann liefern sie ohne Zweifel alles, was zur Heilung von Skorbut nötig ist.« (41, 16)

Vor 70 Jahren

Die Heilwirkung gekeimter Samen – und das scheint ihr Schicksal zu sein – war allgemein immer noch nicht genügend bekannt. Während des Ersten Weltkrieges hatte dies schwere Folgen für die in Südafrika stationierte britische Armee. Im Gegensatz zu den indischen Soldaten, denen ein Bier aus Hafer-, Bohnen- und Linsensprossen als Vorbeugung gegen Skorbut verabreicht wurde, erlagen viele britische Soldaten dieser Krankheit.

Im Alleingang experimentierte der britische Armeearzt H.W.Wiltshire, ebenfalls während des Ersten Weltkrieges, mit dem »Medikament« Sprossen. Auch er konnte belegen, daß Skorbut mit Bohnensprossen wesentlich schneller und effektiver geheilt wurde als zum Beispiel mit Zitronensaft. Er stellte fest: »Sprossen sind das billigste und wertvollste Anti-Skorbut-Mittel.«

Vor 50 Jahren

Punjab in Indien: Hier werden Sprossen vorbeugend gegen Skorbut verabreicht. Die Erfolge überzeugen.

Vor 40 Jahren

USA: In einer großangelegten Pressekampagne bereitet die Emergency Food Commission (eine Organisation zur Notversorgung bei Ernährungsengpässen) die Bevölkerung auf die zu erwartende Proteinknappheit vor. Zeitschriften wie Life und Reader's Digest bringen eine Fülle von Informationen über Sprossen und entsprechende Rezepte. Die Sojabohnensprosse wird als wohlschmeckender, vitaminreicher und leicht zuzubereitender Fleischersatz gepriesen.
Die angekündigte Einschränkung trat jedoch nie ein, und so wurden die Informationen über die »Ersatznahrung« verdrängt. Der oft zitierte »Sieg im Blumentopf« wurde ad acta gelegt.
Die Sprosse blieb das Eiweiß des Ostens. Allein in den Trögen von Tieren ist sie weiterhin im Westen zu finden.

Vor 30 Jahren

Innerhalb einer kleinen Gruppe von Um- und Vordenkern in den USA gewinnt die Sojabohnensprosse endlich auch außerhalb ihres traditionellen Umfelds – der exotischen Küche – an Boden.

Vor 20 Jahren

Aufgeweckt durch das prophetische Buch »Der stumme Frühling« von Rachel Carson, in dem sie den beginnenden Tod unseres Planeten durch die zunehmende Vergiftung mit DDT beschreibt, formiert sich die Health Food Scene. (15)

Der enge Zusammenhang von Ernährung und Gesundheit löst Bewußtwerdungsprozesse aus.

Mai 1986

Viele Menschen ergreifen die Initiative und werden Selbstversorger aus Angst vor verstrahltem Gemüse.

Der offizielle Rat hingegen lautet: Essen Sie Konserven.

Weitaus hilfreicher wäre hier die Empfehlung gewesen, sich mit Sprossen zu versorgen. Mit ihrem hohen Mineral- und Vitamingehalt verhindern sie im Gegensatz zur »toten« Nahrung aus Dosen die Einlagerung von Schadstoffen im Körper. Zusammen mit Grünkraut kräftigen Sprossen das Immunsystem und leiten eine Entgiftung ein.

Wann auch immer den Wissenschaftlern über eine neue Entdeckung berichtet wird, sagen sie zuerst: »Das trifft wahrscheinlich nicht zu!« Wenn danach die Richtigkeit bestätigt wurde, sagen sie: »Es mag wohl zutreffen, die Entdeckung ist aber nicht wichtig!« Schließlich, wenn genügend Zeit vergangen ist und ihre Bedeutung bewiesen wurde, sagen sie: »Gewiß ist sie wichtig, aber sie ist nicht mehr neu!« (47)
Michel de Montaigne (1533–1592)

Die Angst vor Alter und Tod hat Menschen schon abenteuerliche Pillen schlucken lassen. Daß es aber lebensverlängerndes Kraut gibt, das einzig und allein frisch sein muß, ist offensichtlich immer noch ein Geheimnis. Dabei ist es uralte Weisheit: »Junges Blut«, Embryonen, Knospen und Sprossen bringen Jugend und Potenz.

Die Sprossenzucht ist über Amerika zu uns gedrungen und hat die verschiedenen Wissenschaftler dort wie hier zu wichtigen Erkenntnissen geführt. Der Ernährungswissenschaftler Dr. P. R. Burgholder sagt: »Wenn der Nahrungswert gekeimter Samen nach deren Vitaminen und abrufbereiten Aminosäuren beurteilt werden soll, dann scheint, daß die breite Verwendung von Sprossen in der Ernährung orientalischer Völker auf einer gesunden ernährungsmäßigen Grundlage beruht, und sie sollte in umfassendem Maße auch bei westlichen Völkern eingeführt werden.« (65)

Ann Wigmore und Victoras Kulvinskas waren in den USA die engagierten Verfechter für die Verwendung von Sprossen als Heilnahrung. Ann Wigmore arbeitet mit einem Programm, das sie »Learn by doing« nennt. Ihre Patienten, oft Krebskranke, leben nach strikter Frischkostdiät. Hauptbestandteil sind Sprossen, Salate, Obst, fermentierte Getränke und Grünsäfte aus Getreiden als Ergänzung. Innerhalb des Lernprogramms werden die Anzucht der Sprossen und der 12-Tage-Kräuter sowie die Zubereitungsformen praktisch vermittelt.

»Learn by doing« heißt auch: Vorträge, Körpertherapie und Selbsthilfegruppen. In ihren Büchern empfiehlt sie Sprossen auch ausdrücklich für Gesunde, werdende Mütter und Kinder. (64)

Heute sind ihre Arbeiten durch amerikanische und japanische Studien erweitert. Sprossen und Getreidegrassäfte gelten als Heilmittel und als Vorbeugung gegen

Krebs. In Experimenten wurde deutlich, daß sich Metastasen durch Weizen-, Mung- und Linsenextrakte reduzieren. (38)

Lange bevor es in Amerika eine Health Food Scene gab und lange bevor entsprechende Studien erschienen, leistete in Europa Maximilian D. Bircher-Benner (1867–1939) für eine neue Bewertung auf dem Gebiet der Nahrungsqualität Pionierarbeit.

Für Bircher-Benner ist der Wert einer Nahrung in ihrer Ordnung zu suchen. Dieses Ordnungsgesetz der Nahrungsenergie besagt, daß das Wesen der Nahrungsaufnahme in der Zufuhr von Ordnungen höheren Grades von Nahrungsenergie besteht. Lebensfrisch und lebendig muß darum unsere Nahrung sein. »Leben kommt aus Leben.« Jede Beeinflussung physikalischer oder chemischer Art führt unweigerlich zu einem Verlust dieser Ordnung. (47, 8)

Von Bircher-Benner übernimmt Professor Werner Kollath (1892–1970) die Wertvorstellung der Lebensfrische. »Laß deine Nahrung so natürlich wie möglich«, ist der Kernsatz seiner Philosophie vom Lebensmittel. Jeder Eingriff stört die Ordnung und das heilsam Lebendige. Innerhalb seiner Wertgruppen unterteilt er:

- Lebensmittel (mechanisch oder fermentativ aufgeschlossen)
- Nahrungsmittel (erhitzt, konserviert, präpariert). (31, 32)

Kollath ist es auch, der die für den Bau und den Regenerationsstoffwechsel zuständigen Wuchsstoffe entdeckte und sie Auxone nannte. Auxone sind vorwiegend in Knospen, jungen Blattspitzen und Sprossen zu finden. (31)

Ohne daß ausdrücklich von Sprossen oder Grünkraut gesprochen wird, treffen die Lebensmittelkriterien von Bircher-Benner und Kollath besonders auf Keimlinge und Grünkraut zu (s. S. 175 »Roh oder gekocht?«). Sprossen sind im Augenblick des Verzehrs noch im Wachsen. Abgesehen von Austern gibt es kein Nahrungsmittel, das über diese Art der Lebendigkeit verfügt.

Die sprudelnde Energie der Sprossen vervielfältigt sich hundertfach, wenn sie gekaut werden. Der sterbende Zellverband

sendet bei seinem »Tod« ein Mehrfaches an Energiestrahlung aus. (56)
Der japanische Wissenschaftler Dr. G. I. Semenko betont, daß das Vorkommen von DNS und RNS in der Sprosse um ein Vielfaches höher ist als im Samen. Die Nukleinsäuren sind nur in lebenden Zellen zu finden und haben einen regenerierenden Effekt, heilen und halten den Alterungsprozeß auf. (38)

Antikrebsfaktoren in Sprossen
Nach Meinung des Biochemikers Ernest T. Krebs wirken Keimlinge bösartigen Tumoren entgegen. Er erklärt dies folgendermaßen: »Nitriloside sind antineoplastisch. Bei der Spaltung im Körper werden Cyanid und Benzaldehyd freigesetzt. Normale Körperzellen können sich vor diesen Stoffen schützen, Krebszellen jedoch nicht. Die Krebszellen werden von ihnen vernichtet.« (Cancer Control Journal, September 1970).

Einige Keimlinge haben einen doppelt so großen Nitrilosidgehalt wie die ausgewachsene Pflanze. Es kommt sogar vor, daß er bei ausgewachsenen Pflanzen vollständig fehlt.

Keimlinge sind ein vortreffliches Lebensmittel von höchstem Wert und sollten bei keiner Mahlzeit fehlen.

Die zunehmende Anzahl von Zivilisationskrankheiten ist für uns alle eine tägliche Bedrohung. Die zunehmende Vergiftung unseres Umraums verlangt eine vorbeugende Ernährung.
Zur Heilung wie auch zur Stärkung unserer Lebenskräfte müssen wir die Sprosse und ihre Schwester, das 12-Tage-Kraut, als hochwirksames Heil- und Lebensmittel anerkennen.

Die Zivilisationskrankheiten des Menschen entstehen in der Hauptsache auf dem Wege der Ernährung und können auch nur auf dem Wege über eine richtige Ernährung geheilt werden. *Dr. Hans Peter Rusch*

In Kürze:

- Sprossen sind im Sinne von Bircher-Benner lebensfrische Rohkost mit höchsten Ordnungsfaktoren, das heißt, sie sind voller Enzyme, Vitamine, Mineralien und Spurenelemente.
- Sprossen haben Wachstumshormone.
- Sprossen haben ein hochwertiges Protein mit einer entsprechenden Anhäufung von Nukleinsäuren (RNS und DNS = Erbgutträger).
- Sprossen nähren, heilen, verjüngen und bauen vor.

Alle Schöpfung ist Werk der Natur.
Johann Wolfgang von Goethe (1749–1832)

Ein Same atmet: Er lebt.
Die harten, trockenen Energiebündel tragen den Nahrungsvorrat für die Entwicklung des eingelagerten Embryos. Unter der schützenden Schale verbergen sich Grundform und Anlage der späteren Pflanze.
Sobald Wasser, Sauerstoff und Wärme in balancierter Dosierung auf den Samen einwirken, entfaltet er sich. Das Wasser dringt durch die Keimpore – eine kaum sichtbare Öffnung in der Nähe des Nabels – in den Samen.
Während dieser Aufsaugphase verdoppelt der Same sein Volumen und sprengt seine Schutzhülle. Seine Enzyme werden aktiv – eine fantastische Wandlung beginnt.

Der Wachstumsvorgang im Samen besteht aus drei grundsätzlichen Phasen:

1. Stoffe werden aufgespalten.
2. Bestandteile der Nahrungsreserven werden zum Embryo transportiert.
3. Neue Stoffe werden gebildet.

Der zunehmende Bedarf an Energie für die Bildung neuen Gewebes und der Umwandlung wird durch einen Teil des Nahrungsvorrates gedeckt.

Mit der Einwirkung der Enzyme kommt es zu folgenden Aufspaltungen von Nährstoffen:

- Proteine wandeln sich in Aminosäuren
- Fette in essentielle Fettsäuren
- Stärke in Maltose, Dextrin
- Proteine, Vitamine und Enzyme vervielfältigen sich und bilden sich neu
- Mineralien und Spurenelemente werden in eine komplexere Form gebunden
- Chlorophyll wird gebildet
- Säuren und Gifte, die dem Samen von Natur aus zum Schutz mitgegeben sind, werden abgebaut
- Umfang und Wasseranteil steigen von 5–12% im Samen auf über 70% an.

Dieser Prozeß vollzieht sich je nach Samenart innerhalb weniger Tage.

An den Fotos und Tabellen im zweiten Teil des Buches kann sich jeder orientieren und lernen, wann der richtige Zeitpunkt zum Essen der Sprossen erreicht ist. Sie werden gegessen, wenn sie auf dem höchsten Stand ihrer Nahrungskraft sind und sich mit ihren feinen, unverfälschten Geschmacksstoffen anbieten.

Gewinnen wir den unerschöpflichen Reichtum des aufkeimenden Lebens, der nie wieder in so geballter Form im Pflanzenleben vorkommt. Der biologische Wert der Sprosse ist dem des Samens um ein Vielfaches überlegen.

Es gibt mehr Dinge zwischen Himmel und Erden, als eure Schulweisheit sich träumen läßt.
William Shakespeare (1564–1616)

Es keimen die Pflanzen in der Erde Nacht,
Es sprossen die Kräuter durch der Luft Gewalt,
Es reifen die Früchte durch der Sonne Macht.
So keimet die Seele in des Herzens Schrein,
So sprosset des Geistes Macht im Lichte der Welt,
So reifet des Menschen Kraft in Gottes Schein.
Rudolf Steiner (1861–1925)

Enzyme: Zündstoffe für den Organismus

Auf der Suche nach den chemischen Grundlagen des Lebens fanden Biochemiker in den lebenden Zellen chemisch hochkomplizierte Stoffe und nannten sie Enzyme (Zyme = griech. Gärung, Sauerteig). Sie sind Ordnungsfaktoren und sorgen dafür, daß bestimmte biochemische Prozesse so und nicht anders ablaufen. Wissenschaftler haben eine bildhafte Beschreibung für die Arbeitsweise des Enzyms gefunden. Sie sprechen von einem komplizierten Sicherheitsschloß, in das nur ein ganz ausgesuchter Schlüssel, das Ausgangsmolekül, hineinpaßt. Wenn die beiden Teile sich entsprechend verbunden haben, beginnt das Enzym mit seiner Wirkung. Es fügt etwas hinzu oder nimmt etwas fort, ohne sich selber zu verändern.

1836 wurde das erste Enzym entdeckt. Heute kennt man einige tausend, und ihre Anwendung in Medizin und Wissenschaft hat eine aufsehenerregende Entwicklung genommen.
Enzyme sind Proteine und spielen als Biokatalysatoren eine entscheidende Rolle auch im Wachstum vom Samen zur Sprosse. Die im Samen lagernden Enzyme vermehren sich in drastischer Weise und stehen uns in der Sprosse in natürlicher Form zur Verfügung. Das hohe Enzymvorkommen in Keimlingen macht ihren großen Heil- und Nährwert aus.

Folgende Enyzme bewirken die Wandlung innerhalb der Keimung:

- Amylase wirkt auf Stärke ein
- Protase setzt Protein um
- Lipase spaltet Fette
- Emulsin wirkt auf Zucker ein
- Invertase wandelt Zucker in Dextrose (Traubenzucker)

Enzyme sind ein Lebenselixier. Sie verhindern vorzeitiges Altern, beseitigen Krankheitsherde, entgiften den Körper und nehmen heilenden Einfluß auf chronische Krankheiten, sogar auf Krebszellen sollen sie einwirken. (2) Schließlich verhelfen sie Vitaminen, Mineralien und Spurenelementen überhaupt erst zu ihrer Wirkung. Ohne Enzyme kann die beste Nahrung nicht aufgeschlossen werden und bleibt ungenützt.

Allen Enzymen ist gemein, daß sie bei sehr niedriger Temperatur zwar ihre Wirkung verlieren, aber nicht vernichtet werden. Sobald sie aus ihrer Untertemperatur wieder heraus sind, können sie wieder aktiv werden. Hitze, und das ist der entscheidende Punkt, tötet die Enzyme. Bei ca. 45 Grad sterben sie ab (s. S. 175 »Roh oder gekocht?«). (2)

Bemerkenswert ist die Arbeit von Walter Ostertag zum Thema »Lebende Makromoleküle als Lebens-Elixier«. Zu diesen lebenden Makromolekülen zählen auch die Enzyme.
»Unter lebenden Makromolekülen (LM) verstehen wir alle von Pflanzen, Tieren und Menschen erzeugten Molekülverbände zwischen tausend und mehreren Millionen Atomen Umfang, die teilweise oder ganz eine spiralige Struktur besitzen. Mit ihrer Hilfe sind sie in der Lage, kosmische Lebensstrahlung aufzunehmen, umzuwandeln und wieder abzustrahlen sowie durch Photonenemission Kontakte mit allen anderen LM ihrer Umgebung aufrechtzuerhalten.« (42)

Ostertag und vor ihm verschiedene Ernährungsforscher wie Dr. Hans Peter Rusch und Professor Helmut Mommsen verweisen darauf, daß nicht die chemische Reaktion, sondern andere Faktoren die Ernährungsfrage bestimmen. Gemeint sind Enzyme mit ihrer »strukturbedingten Strahlungsfähigkeit« (Fritz-Albert Popp), die Licht aussenden können und den Kreislauf des Lebendigen erstellen. Sie nehmen es auf, wandeln es um und geben es wieder an ihre Umwelt ab. Rusch verweist auf die lebenswichtige Rolle von Enzymen im Humus. Er forderte den Erhalt des Kreislaufs des Lebendigen, der allein die anzustrebende Nahrungsqualität von Lebensmitteln hervorbringt, während sie bei der stattfindenden Überdüngung nicht mehr gewährleistet ist. Enzyme, sprich Makromoleküle, garantieren einerseits eine Lebensmittelqualität und sorgen andererseits dafür, daß die Nahrung entsprechend aufgenommen wird. Also, ein Kreislauf des Lebendigen. (54)
»Es stimmt sehr nachdenklich«, sagt der Enzymspezialist Dr. Kurt Allgeier, »wenn Zoologen heute nachweisen, daß bei Hunden und Katzen, aber auch bei Tieren in zoologischen Gärten, die Zivilisationskrankheiten des Menschen festzustellen sind, sobald man ihnen statt der natürlichen rohen Nahrung gekochtes und damit enzymloses Fressen vorsetzt.« (2)

Die Wirkung der Enzyme wird durch lange Lagerung und mechanische Einflußnahmen wie

Zerkleinern oder Zentrifugieren beeinflußt. Ihre Spiralformen zerbrechen und ihre Lebendigkeit wird gestört.
In keinem anderen pflanzlichen Lebensmittel außer Grünkraut, Knospen und Blattachsen sind Enzyme so stark vorhanden wie in Sprossen. Aus diesem Grund wurden sie so ausführlich und an erster Stelle behandelt.
Enzyme steuern das Leben, lassen sich aber nicht mit chemisch-physikalischen Mitteln auf ihre Wirksamkeit hin testen. Dazu bedarf es anderer Methoden, denn das Lebendige läßt sich nur am Lebendigen messen, wie die beiden amerikanischen Wissenschaftler F. M. Potenger und O. Simson in ihrem mittlerweile berühmten Katzenversuch unter Beweis stellten.

Zwanzig Jahre lang verfütterten sie die unterschiedlichsten Milchsorten an Katzen und machten interessante Entdeckungen. Die mit behandelter Milch gefütterten Tiere starben in der sechsten Generation aus und wiesen schon in vorherigen Generationen Entartungserscheinungen auf. Die mit unbehandelter Rohmilch gefütterten Katzen blieben gesund und munter. Und etwas anderes brachte der Versuch zutage. In den Gehegen der Rohmilchtiere wuchs in üppiger Weise Unkraut – in den anderen Gehegen kein einziger Halm. Das heißt, die mit dem Kot ausgeschiedenen Enzyme wurden nun wieder im Boden aktiv und förderten dort Wachstumsprozesse. (12, 42)

Der Kreislauf des Lebendigen konnte somit am Lebendigen selbst nachgewiesen werden.

Vitamine bewirken Widerstand

Die Anreicherung der Vitamine, ihre drastische Zunahme während der Keimung ist mittlerweile sprichwörtlich geworden. Vitamine sind lebenserhaltende Stoffe. In Sprossen und Grünkraut bieten sie sich im natürlichen Verbund mit Enzymen an. Heute ist es nicht mehr damit getan, nur auf die Vitamine aus der normalen Nahrung zu bauen. Um dem Streß, dem Lärm, dem Leistungsdruck, der Angst und Resignation entgegenzuwirken, um also mit unserer toxischen Gesamtsituation besser fertig zu werden und um unsere körpereigene Abwehr zu stärken, brauchen wir mehr, das heißt, zusätzliche Vitamine aus Sprossen.

Zur Verdeutlichung des Vitaminanstiegs durch die Keimung dienen die folgenden Tabellen.

Vitamin-C-Gehalt der Leguminosen während der Keimzeit (3):

Keimzeit	Vitamin-C-Gehalt
ohne Keim	Spuren
nach 24 Stunden Keimzeit	7 bis 8 mg/100 g
nach 48 Stunden Keimzeit	10 bis 12 mg/100 g
nach 72 Stunden Keimzeit	12 bis 14 mg/100 g

Vitamin-B_{12}-Gehalt von Getreide und Leguminosen während der Keimzeit (mg/kg) (3):

Art	Vor dem Keimen	Nach zwei Tagen Keimzeit	Nach vier Tagen Keimzeit
Mungbohnen	0,61	0,81	1,53
Linsen	0,43	0,42	2,37
Erbsen	0,36	1,27	2,36

Achtung:
Wie das Beispiel des Vitamin-B_1-Gehaltes der Sojabohne zeigt, können Sprossen auch teilweise die in ihnen lagernden Vitamine für ihre eigenen Wachstumsprozesse verbrauchen.

Die folgenden Steigerungen betreffen die gekeimte Mungbohne, im Vergleich mit den Zahlenangaben für die Bohne im getrockneten Zustand (45)*:*

Gehalt an Vitamin A	plus 208 %
Gehalt an Vitamin B_1	plus 285 %
Gehalt an Vitamin B_2	plus 515 %
Gehalt an Vitamin B_3	plus 256 %
Gehalt an Vitamin C	unbegrenzte Zunahme

Die wichtigsten Vitamine der Sprossen:

Vitamin A:
Karotin ist die Vorstufe von Vitamin A und wird im Körper zu Vitamin A umgewandelt. Es stabilisiert unsere Abwehrkräfte, unterstützt unsere Sehkraft und ist an Zelldifferenzierung und Wachstum beteiligt. Ein Mangel kann zur Blindheit führen. Wir finden Vitamin A in Körnern und Keimen.

Vitamin B_1:
Thiamin ist wichtige Nervennahrung und notwendig für die Funktion vieler Enzyme des Energie- und Kohlehydratstoffwechsels. Ein Mangel an Thiamin kann zu Beri-Beri führen. Ohne Vitamin B_1 kann der Körper die restlichen Vitamine des B-Komplexes nicht richtig verarbeiten. B_1 ist ein bedeutender Bestandteil der Kleie des Getreidekorns und des Weizenkeimes.

Vitamin B_2:
Riboflavin ist wichtig für die Funktion von Enzymen des Energie- und Eiweißstoffwechsels und übernimmt u. a. Lichtschutzfunktion. Ein Mangel an Vitamin B_2 führt zu Hautveränderungen, Wachstumshemmung, Blutarmut, zu Bindehautentzündungen und spröden Fingernägeln. Es wird als der wachstumsfördernde Faktor für die B-Vitamine angesehen. Wenn der Keimprozeß im Dunkeln stattfindet, kann mit einer 100%igen Steigerung von B_2 gerechnet werden. Riboflavin findet sich in allen Getreiden.

Niacin
Niacin bewirkt mit Enzymen den Stoffwechsel von Fett, Kohlehydraten und Eiweiß und

Vitamingehalt der Körner vor und nach 5 Tagen Keimzeit (Gehalt in mg/kg) (35):

Sorte	Vitamin B_1	
	Samen	Sprosse
Erbse	7,2	9,2
Gerste	–	7,9
Mungbohne	8,8	10,3
Sojabohne	10,7	9,6

ist wichtig für die Funktion von Enzymen verschiedener Entgiftungsmechanismen. Bei Mangel kann Pellagra (= kranke Haut) auftreten mit Hautentzündungen, Durchfall und Erkrankungen der Nerven. Wir finden es in Getreide, Hülsenfrüchten und Sprossen.

Vitamin B_{12}:
Cobalamin ist wichtig zur Bildung der roten Blutkörperchen im Knochenmark und für das Nervensystem. Vegetarier können sehr leicht an einem B_{12}-Mangel leiden, wenn sie ihren täglichen Bedarf nicht durch Sojaprodukte oder Sprossen decken. Eine Sprossenmahlzeit täglich liefert einem Erwachsenen seinen Tagesbedarf an B_{12}. Wir finden es in gekeimten Sojabohnen, Linsen, Kichererbsen und Gartenerbsen.

Vitamin B_6:
Pyridoxin ist wichtig für die Funktion von Enzymen des Eiweißstoffwechsels. Der Bedarf ist an die Eiweißaufnahme gekoppelt. Ein Mangel führt zu erhöhter Reizbarkeit, Nerven- und Hauterkrankungen. Ein hoher Gehalt ist z. B. in Weizenkeimen, Linsen, Kichererbsen und Vollkornprodukten zu finden.

Biotin:
Biotin ist u. a. wichtig für die Synthese von Fettsäuren. Vitamin H kommt in Sprossen vor.

Vitamin C:
Die Ascorbinsäure ist für eine Fülle von Lebensvorgängen verantwortlich und für den Abbau von Giften aus der Umwelt oder Nahrung. Es schützt wasserlösliche Verbindungen vor Sauerstoffeinwirkung. Ein Mangel an Vitamin C führt zu Skorbut, Müdigkeit, Abwehrschwäche und Zahnfleischerkrankungen. Ascorbinsäure heilt Wunden und vitalisiert den Körper. Der Anstieg des Vitamin-C-Gehaltes während der Keimung ist extrem. Er beträgt zum Beispiel bei Sojaboh-

Vitamin B_2		Niacin		Vitamin H	
Samen	Sprosse	Samen	Sprosse	Samen	Sprosse
0,7	7,3	31	32	–	0,5
1,3	8,3	72	129	0,4	1,2
1,2	10,0	26	70	0,2	1,0
2,0	9,1	27	49	1,1	3,5

nen innerhalb von 72 Stunden 80 Mikrogramm pro Bohne. Im Gegensatz zum lichtempfindlichen Vitamin B_2 bildet sich Vitamin C unter dem Einfluß des Lichtes noch stärker. Vitamin C kommt extrem stark im Luzernengrün vor.

Vitamin E:
Tocopherol schützt fettlösliche Verbindungen vor Verderb durch Sauerstoffeinwirkung und übernimmt im Körper eine allgemeine Schutzfunktion. Dies führt zu der Hypothese, daß es vor dem Altern schützt. Getreidesprossen enthalten hohe Dosen dieses Vitamins. Es findet sich aber auch in Nüssen und Hülsenfrüchten. Vitamin E ist sehr hitzeempfindlich und zersetzt sich, wenn es mit Luft in Berührung kommt. Es neutralisiert zahlreiche Nahrungsgifte, zum Beispiel krebserzeugende Nitrosamine.

Mineralien und Spurenelemente für die Feinarbeit

Erst in den letzten Jahren wurde die Wichtigkeit von Mineralien und Spurenelementen erkannt, und eine Reihe von Krankheiten konnte auf deren Fehlen zurückgeführt werden. Sie sind lebenswichtige Baustoffe für unser Körpergerüst und aktivieren den Stoffwechsel.
Im Zusammenhang mit Tschernobyl ist bekannt geworden, daß der Körper bei einer Unterversorgung mit Mineralien und Spurenelementen an ihrer Stelle Fremd- und Schadstoffe einschleust und brachliegende Depots damit auffüllt. Zum Beispiel die freigewordenen radioaktiven Isotope wie:
Strontium 90 Sr
anstelle des fehlenden Kalziums
Caesium 137 Cs
anstelle des fehlenden Kaliums
Jod 131 J
anstelle des Jods aus der Nahrung. (51)
Bei der zunehmenden Weltradioaktivität, wie sie Rosaly Bertell in »No Immediate Danger? (Keine unmittelbare Gefahr?) A Prognose for a Radioactive Earth«, einem 1985 erschienenen Buch, auf erschütternde Weise darstellt, ist eine adäquate Versorgung mit Mineralien und Spurenelementen aus frischen Lebensmitteln heute von existentieller Bedeutung.

Wirklich keine unmittelbare Gefahr?
Sprossen sind neben Algen eine der besten Quellen für Mineralien und Spurenelemente. Sie sind beispielsweise reich an Kalzium, Magnesium und haben

mehr Phosphor als Fisch. Da die Mineralien an Enzyme gebunden sind, werden sie vom Körper leichter aufgenommen. (Genaue Angaben sind den jeweiligen Samenbiographien zu entnehmen.)

Auch hier wie bei den Vitaminen soll anhand von überzeugenden Tabellen verdeutlicht werden, wie hoch der Nahrungswert von Sprossen bzw. Grünkräutern ist:

Die wichtigsten Mineralien und Spurenelemente in Sprossen:

Eisen
Es begünstigt die Bildung von Hämoglobin (Blutfarbstoff) wie auch die der Vitamine B_1, B_2 und C. Ein Eisenmangel verhindert die Aktivität, da Sauerstoffzufuhr und -transport reduziert werden. Blässe und Störungen im Haut- und Haarbereich sind Anzeichen für einen Eisenman-

Der Mineralgehalt von Luzernensamen und Luzernengrün im Vergleich zu herkömmlichen Salaten (38):	Kalzium	Magnesium	Eisen
Eisbergsalat	20,0	11,0	0,5
Spinat	93,0	88,0	3,1
Endiviensalat	81,0	10,0	1,7
Luzernensamen	1,4	3,6	10,0
Luzernengrün	**210,0**	**440,0**	**12,0**

Die obenstehenden Zahlenangaben beziehen sich auf gekeimte Mungbohnen im Vergleich mit den Bohnen im getrockneten Zustand (45):

Gehalt an Kalzium	plus 34%
Gehalt an Kalium	plus 80%
Gehalt an Natrium	plus 69%
Gehalt an Eisen	plus 40%
Gehalt an Phosphor	plus 56%

gel. Wir können unseren Bedarf durch Hülsenfrüchte und Getreide decken, aber in der bestassimilierbaren Form finden wir Eisen in Sprossen.

Fluor:
Kein anderer Stoff verhindert die Bildung von Karies wirksamer als Fluor. Dieses essentielle Spurenelement finden wir vor allen Dingen in Getreide und in Sprossen.

Kalzium
Es wird zum Zahn- und Knochenbau und zur Bewegung unserer Muskeln, besonders des Herzens, gebraucht. Im Grün, in Sprossen, aber auch in Nüssen und in den Randschichten des Getreides finden wir dieses Mineral.

Kalium
Für den Transport der Nährstoffe zwischen den Zellen und zur Kontraktion der Muskeln benötigen wir neben Kalzium und Magnesium diesen wichtigen Mineralstoff. Die besten Kaliumquellen sind Hülsenfrüchte, Getreide, Nüsse und Sprossen.

Kupfer
Das Fehlen dieses Spurenelementes beeinträchtigt unsere Atmung und die Bildung von Hämoglobin. Hülsenfrüchte, Nüsse und Sprossen sind die Hauptträger dieser Substanz.

Magnesium
Enzyme werden durch Magnesium mobilisiert, und sie bewirken die Umsetzung von Fett, Kohlehydraten und Eiweiß. Ein Mangel an Magnesium führt zu Muskelkrämpfen, Müdigkeit und Depressionen. Wir finden dieses Element in Körnern und Sprossen.

Mangan
Als Bestandteil vieler Enzyme ist Mangan wichtig für den Stoffwechsel. Es ist in Nüssen, Getreiden, Hülsenfrüchten und Sprossen vorhanden.

Natrium
Es reguliert den Wasserhaushalt im Körper, den osmotischen Druck und das Basen-Säure-Verhältnis. Es aktiviert verschiedene Enzyme und gewährleistet die Sensibilisierung von Muskeln und Nerven.

Phosphor
Wir benötigen es zum Erhalt der Zähne und des Knochengerüstes, außerdem zur Umsetzung von Fett und Fettsäuren. In allen Getreiden, besonders in der Gerste, in Hülsenfrüchten und Sprossen ist dieses Mineral enthalten.

Zink
Als essentielles Spurenelement ist Zink ein wichtiger Bestandteil der Haare, Augen und Nägel. Ein Mangel führt zu Appetitlosigkeit, extreme Knappheit zu Anämie.

Während der Keimung werden Mineralien frei, die vorher im Samen gebunden waren.
Zum Beispiel das zu den Phosphorverbindungen zählende Lecithin, das so wichtig für Hirn und Nerven ist, erhöht sich.

Die dramatische Zunahme des Natriumgehaltes unterstützt die Behauptung, daß Sprossen höhere nahrhafte Eigenschaften zu bieten haben. Natrium ist ein Mineral, das wesentlich für den Verdauungsvorgang im Magen-Darm-Trakt und auch für die Ausscheidung von Kohlendioxid ist. Gemeinsam mit dem aufsehenerregenden Zuwachs an Vitaminen trägt Natrium beträchtlich zu der leichten Verdaulichkeit von Sprossen bei.

Zur Dosierung von Vitaminen und Mineralstoffen muß dringend hinzugefügt werden, daß ein Zuviel ebenso schädlich sein kann wie eine zu geringe Zufuhr. Das gilt aber nur für synthetisch hergestellte Vitamine und Mineralien, die nicht die gleiche Wirkung haben wie entsprechende Stoffe aus Sprossen und den 12-Tage-Kräutern. Nur Vitamine im natürlichen Verbund werden vom Körper adäquat aufgenommen und können nicht zu einer Überdosierung führen.

Lebensfrische und Geschmack

Eine der wichtigsten Regeln der Kochkunst heißt: Frische und Geschmacksvielfalt. Wer kann diese verführerische Maxime nobler Kochbücher heute noch erfüllen?
Jegliche Lagerung, und sei sie noch so kurz und kühl, verändert die Lebensfrische der Gemüse und Früchte und somit den Geschmack und die Nahrungsqualität. Echte Frische und der damit verbundene Feingeschmack sind nicht mehr bekannt – sie sind zwangsläufig abhanden gekommen.
Wer schon einmal in einem Nahrungsmittel-Großbetrieb war, hat miterlebt, wie unsere Gemüse gereinigt, manipuliert und verpackt werden.
Da liegen sie zuhauf, werden gequetscht, auf Fließbänder geschmissen, geordnet, gelackt, gepudert und getaucht. Vergewaltigung! Wie schmecken diese Nahrungsprodukte aus dem Baukasten? Zum Beispiel die gestylte Tomate, superfleischige Frucht, maßgeschneidert im EG-Design? Nach dem Motto »immer schöner – immer größer« ist es gelungen, Riesenfrüchte zu züchten, die trotz ihrer blendenden Schönheit einen Fehler haben: geringe Nahrungsqualität.

Und die Strahlenkonservierung? Im Moment ist sie in Deutschland nicht erlaubt – die Frage ist: wie lange noch. In zwanzig Ländern (z. B. Holland, Israel, Südafrika, Italien, Spanien, USA) wird die Bestrahlung zur Konservierung der Nahrungsmittel bereits praktiziert. Wir essen diese eingeführten Nahrungsmittel – Hauptsache, sie sehen schön aus und strahlen uns an. Der knallgrüne Treibhaussalat, die weitgereiste Banane, Erdbeeren zum Weihnachtsfest. Aber auch Kartoffeln, Zwiebeln und Knoblauch werden zur Keimhemmung bestrahlt wie Gemüse und Früchte zur Haltbarmachung und Reifehemmung. (62)

Vom mannigfaltigen Geschmack, von der Lebensfrische der Sprosse soll berichtet werden. Jeder Same trägt sein unverwechselbares Aroma, und während des Aufkeimens verändert sich der Geschmack innerhalb seiner typischen Note. Ein Reigen unbekannter Geschmacksnuancen erwartet uns. Wer an manipulierte Nahrungsmittel gewöhnt ist, den kann der erste Biß sogar verwirren.

Dazu eine wahre Geschichte:
Die exotische Ananas reiste

zuerst in Dosen nach Europa. Begeistert wurde sie als Delikatesse angenommen. Vor dem Ersten Weltkrieg kamen in Deutschland die ersten frischen Früchte auf den Markt. Ihr Verkauf wurde ein Mißerfolg. Gewöhnt an den Dosengeschmack wollte niemand das echte Fruchtfleisch kaufen. Erst als man den frischen Ananas den begehrten Blechgeschmack durch Aromastoff zufügte, fanden die Früchte reißenden Absatz.

Wird es uns anders gehen? Nein. Wir sind auf Süße programmiert, und außerdem schwelgen wir in künstlichen Aromastoffen aus Fertiggerichten, Kantinenessen und gekauften Saucen. Unser Geschmackssinn ist durch die langwährende Täuschung in seinem eigenen Instinkt geschädigt. Nehmen wir uns Zeit. Lernen wir das Unverfälschte langsam kennen und genießen. Unsere Geschmacksgewohnheiten werden sich mit Sprossen innerhalb einer sanften Veränderung neu entfalten.
Die gelbe Sojabohne und die Adzukibohne sind herbe Früchte. Ihr Geschmack ist ausgeprägt – sie wollen erobert werden. Beginnen wir mit der sanften Mungbohne und lassen dann die wertvollen Proteinbohnen später folgen. Sie sind die Basis für eine fleischlose Kost.

Sprossen können während ihrer Keimung von einer Stunde zur anderen ihren Geschmack verändern. Der junge Sproß ist intensiv – doch sanft. Darum sollten die Sprossen erst gegessen werden, wenn sie die Stufe des letzten Fotos erreicht haben. Sprossen bedürfen einer gewissen Reifezeit zum Aufbau der Nahrungsenergie und zum Abbau einiger Schutzstoffe, die dem Samen mitgegeben, uns aber nicht zuträglich sind.

Schmecken, Riechen, Fühlen – alles trägt bei zu dem neuen Geschmackserlebnis. Kosten Sie es aus!
Der wahre Genießer speist in Harmonie mit der Natur. Für ihn sind Frische, erlesene Reinheit und lauterer Geschmack Quellen neuer Sinnlichkeit.

Gegen das tägliche Gift

Möglicherweise wären viele Menschen verzweifelt, wenn sie nicht vor den Tatsachen unseres vergifteten Umraums und den Folgen der Radioaktivität die Augen verschlossen hätten.
Ich möchte nichts verdrängen, sondern den Tatsachen ins Auge

schauen, sie als Mahnung verstehen und daraus meine Konsequenzen ziehen.

Die Versorgung mit Sprossen – das »frugale« Mahl – ist meine Antwort. Einfachheit ist die höchste Form der Kochkunst. Weniger ist mehr.
Bei keinem Gemüse können wir so sicher sein, unverfälschte Frucht vor uns zu haben, wie bei Sprossen. Wir säen und ernten, überprüfen das Wachstum, errechnen den Tag, an dem unsere Früchte auf dem geschmacklich und energetisch höchsten Punkt sind.

Die im Handel erhältlichen Gemüsesorten sind, wie wir alle wissen, von fragwürdiger Qualität und voller Giftrückstände. Sie machen krank. Das Tückische ist, viele Krankheiten erreichen uns schleichend: Allergien, Nervenschädigungen, Erbgutveränderungen, Degeneration.
Nehmen wir zum Beispiel Zukker. Er beeinträchtigt die Denk- und Lernfähigkeit. Letztlich merken wir gar nicht mehr, wie bedrohlich das Essen ist. 80% der aufgenommenen Gifte, so der Ernährungsexperte Wolfdietrich Eichler, stammen aus unserer Nahrung. (20)

»Iß Obst und Gemüse, und du bleibst gesund.«

Wußten Sie, daß ein Apfel bis zu zwanzigmal gespritzt und getaucht wird, bis er sich uns glänzend präsentiert?

Drei Viertel der bei uns produzierten, für die Landwirtschaft vorgesehenen Chemikalien, so ergibt eine umfangreiche Studie, werden in die Entwicklungsländer geliefert. Das will sagen: Nicht nur in Europa werden wir kaum giftfreie Nahrung finden, auch die eingeführten Früchte sind betroffen. In vielen Exportländern bestehen nur mangelhafte Lebensmittelgesetze. Darüber hinaus sind die Länder der Dritten Welt lohnende Absatzmärkte für Chemikalien, die bei uns längst verboten sind.

Wir haben davon auszugehen: Viele der bereits bekannten Gefahren werden nicht ausgesprochen oder bleiben unerkannt, weil sie nicht gemessen werden. Es fehlen Bestimmungen und Informationen über die Wirkung der Gifte. Die Standardmethoden für die Messungen sind überholt. Die Folgen der Wechselwirkungen durch die Chemikalien sind noch nicht abzusehen. (61)
Die unmittelbare Wirkung der Umweltgifte zeigt sich in der zunehmenden Verbreitung chronischer Krankheiten, die mit

Müdigkeit und Leistungsabfall beginnen. Es ist ein Vorgang schleichender Selbstvergiftung. Aber nicht nur die Nahrungsqualität leidet unter der chemischen Düngung, auch das Saatgut ist davon betroffen. Es ist anfällig für Krankheiten, und sein biologischer Wert ist reduziert. Wissenschaftler der Universität Hyderabad in Indien verglichen den Eiweißgehalt von Wildreis und Kultursorten. Der Eiweißgehalt der Zuchtsorten betrug 7–8%, der des Wildreises 10–40%. Das heißt auch, Inhaltsstoffe der Nahrung werden dezimiert. Diese erzwungene Ertragssteigerung beinhaltet neben dem Verlust an Proteinen gleichzeitig eine Herabsetzung des biologischen Wertes im allgemeinen, sprich: weniger Enzyme, Vitamine, Mineralien und Spurenelemente. (Süddeutsche Zeitung, 18.5.1979)
Die Dauerbelastung für unseren Organismus, die in der notwendigen Entgiftungsarbeit besteht, kann nur durch sorgsam gewählte Lebensmittel bewältigt werden. (3)

Sprossen und 12-Tage-Kräuter sind, roh gegessen, in ihrer Lebendigkeit nicht zu übertreffen. Das grüne Blatt vom Kraut hilft wie kein anderes Lebensmittel mit seiner entgiftenden und aufbauenden Wirkung.

Bleibt zu sagen, daß den steigenden Kosten im Gesundheitswesen und der zunehmenden Ohnmacht der Ärzte gegenüber den Folgen der globalen Vergiftung nur Eigenverantwortung entgegengesetzt werden kann. Die naheliegendste Antwort darauf ist: Selbstversorgung mit lebensfrischer Nahrung aus dem Zimmergarten zur Vorbeugung, Stärkung und Unterstützung der Selbstheilung.

Einwandfreie äußere Beschaffenheit ist die Forderung von heute – gesundheitlich wertvolle die von morgen.
Prof. Dietmar Schuphan (42)

Ökonomie für Natur und Mensch

Was passiert beim Einkauf? Meterhoch bietet sich das Gemüse an. Die prallen Früchte, kugelrund, giftgrün, halten sich beharrlich verdeckt. Sie sind verpackt. Und was darin ist, geht niemand was an?
Wie sieht es aus mit der Energie, die zur Produktion dieser Früchte benötigt wird? Und wieviel Energie bekommen wir dafür? Der Bauer kauft die Saat – nun gut, das tun wir auch. Aber in der

Landwirtschaft kommen noch viele andere Kosten hinzu:

- für Chemie (Insektizide, Herbizide, Wachstumsförderer, Wachstumshemmer)
- für Erntemaschinen
- für den Transport – oft viele tausend Kilometer weit
- für Verpackung und Werbung
- für die Energie von Kühl- und Lagerhäusern
- für Mieten und Personal
- für die Vernichtung von Überschüssen
- für die vielen Zwischenhändler.

Wieviel Kosten und Energie haben sich verbraucht, ehe ein Gericht – gekocht und seiner wichtigsten Lebensenergien beraubt – auf unserem Teller liegt? Der wahre Preis von Gemüse und Frucht ist nur ein Bruchteil von dem, was die genannten Kosten ausmachen.

Ein Beispiel: Bei Getreide wurde die Verdopplung des Hektarertrages gegenüber 1935 mit einem zwanzigfachen Energieeinsatz (Chemie) erkauft.

Hinzu kommt: Die nützlichen Bodenorganismen in unserem Mutterboden gehen durch die Chemiedüngung unersetzbar verloren – und das ist der höchste Preis. Der Rückgang ist weltweit und geschieht zehnmal schneller als die natürliche Neubildung des Mutterbodens von ca. 2 mm pro Jahr. (62)

Mit der Sprossenzucht durchbrechen wir diesen Teufelskreis und erhalten ein Vielfaches an Nahrungsenergie im Vergleich zum Samen. Ein Lebensmittel für wenig Geld.

Luzerne im Wachstumszyklus (nach 5 Tagen): zwei Tage vor der Ernte. Aus 2 Eßlöffeln Luzernensamen wächst dieser Riesenberg!

Warum Sprossen?

Während des Wachstums nimmt das Volumen, z. B. der Mungbohne, um das Achtfache, Luzernensamen um das Siebenfache, zu. Oder: Aus einer Tasse Linsen läßt sich Suppe für eine Person kochen. Die gleiche Menge Linsen, zu Sprossen gewachsen, ergibt eine vollwertige Salatmahlzeit für drei Personen und muß nicht gekocht werden. Gleichzeitig haben wir einen Anstieg der Nähr- und Heilwerte in der Keimung, die sich in höchster Form in der absoluten Lebensfrische zeigt.
Und nun zur Körperökonomie. Auch die Verbrennung, das heißt die Verdauung von Nahrungsstoffen, verlangt dem Körper Kraft ab. Da Sprossen vorverdaut sind, werden sie sehr leicht vom Körper aufgenommen. Wegen ihrer Frische gibt es keinen Energieverlust der Inhaltsstoffe, d. h. wegen des hohen Enzymanteils werden alle Stoffe restlos verwertet. Essen wir zum Beispiel Hülsenfrüchte in einer Suppe, muß der Körper trotz des Kochprozesses die schwere Mahlzeit mühsam verdauen. Das Blähende der Hülsenfrüchte wird aber durch die Keimung bzw. im enzymatischen Geschehen bereits abgebaut. Der Körper wird durch Sprossen nicht belastet.

Das Gebot einer ernstgenommenen Ökologie ist immer auch die Ökonomie zum Schutz der Erde – nicht zuletzt in Anbetracht des rapiden Bevölkerungswachstums. Eine miserable Ökonomie stellt besonders der Verzehr von Fleisch dar; allgemeiner gesprochen: der Verzehr jeglicher Nahrung, die dem Körper bei der Aufnahme mehr Energie nimmt als gibt. Denaturierte Nahrungsmittel, wie zum Beispiel ausgeraubte Kohlehydrate (Zucker und weißes Mehl), sind leere und teure Energie. Die industrielle Aufbereitung zerstört nicht nur die Lebendigkeit der Nahrung, sie entzieht auch dem Körper Vitamine für ihre Auswertung. Diese Nahrung ist kein Lebens-Mittel. Sie produziert Bäuche und Fettpolster bei anhaltendem Hungergefühl und trägt zur Konsumsteigerung bei. Nicht satt zu werden trotz reichlichem Essen macht nervös und unzufrieden. Unstillbares Verlangen macht aggressiv. Wir verhungern an überladenen Tischen. (64)

In Kürze:

- Mit Sprossen verkürzen wir die Nahrungskette und verlängern unser Leben.
- Mit Sprossen werden wir für wenig Geld autonom.
- Sprossen sind vorverdaut und nehmen dem Körper ein Minimum an Energie zur Aufspaltung in körpereigene Stoffe.
- Mit der Sprossenzucht kann jeder einen Beitrag zur Schonung unseres Planeten und seiner Ressourcen leisten.

Gegen Übergewicht

Wir sind ja alle genötigt, unsere Ziele weiter zu stecken, als unsere Kräfte reichen, um am Ende nicht weniger zu leisten, als sie erlauben.
Johann Jakob Bachofen (1815–1887)

Jeder, der Sprossen ißt und einen großen Teil seiner Lebensmittel ungekocht speist, wird über kurz oder lang sein Idealgewicht erreichen.
Sprossen regenerieren aufgrund der enthaltenen Enzyme nach einer Zeit der Anpassung die Darmflora. Ein gesunder Darm wertet die Nahrung voll und ganz aus. Das Gefühl von Hunger und Sättigung pendelt sich ein. Wir essen weniger – die Lebensmittel halten länger vor.
Sprossen sind Vollwertnahrung.
Hinzu kommt: Mit ihrem Pflanzenprotein haben Sprossen außerdem weniger Kalorien als tierisches Eiweiß. Die gelbe Soja, mit ihrem hohen Nährwert das

Fleisch des Ostens genannt, ist bei einer gezielten Gewichtsreduktion anfangs auszuklammern. Leichte Sprossen wie Mungbohnen, Linsen, Getreidesprossen und die herzhaften Grünkräuter sorgen für abwechslungsreiche Salate.
Der vielfältige Geschmack der Sprossen, ihr Aroma und ihr knackiger Biß erleichtern eine Ernährungsumstellung und Diät. Sprossen sensibilisieren den Gaumen. Die milde Süße der Getreidesprossen bannt unseren Jieper, unsere Lust. Gerade bei Veränderungen, die unsere Nerven belasten, verlangt unser Körper nach Süßem.
Das pikante Grünkraut mit seinen Bitterstoffen und ätherischen Ölen regt den Stoffwechsel an, desinfiziert und unterstützt die Ausscheidungsprozesse. Dabei bringen die Leinsamensprossen Weichheit in den Darm – Schlackestoffe gleiten spannungslos aus. Ein weiterer Vorteil von Sprossen ist: Sie bieten Masse. Trotz der kleinen Portionen haben wir etwas zwischen den Zähnen. Salate und Sprossen sind in ihrer Heilkraft abhängig vom gründlichen Kauen und sättigen über einen langen Zeitraum hinweg.
Zur Balancierung unseres Gewichtes, zur Reinigung unseres Körpers und den notwendigen Aufräumarbeiten brauchen wir Kraft: wir finden sie in Sprossen und Grünkraut.
Sprossen, und das »rundet« das Thema Übergewicht, haben eine beträchtliche Menge Ballaststoffe. Im Verhältnis zu anderen Gemüsen, zum Beispiel Paprika oder Gurken: mit einem Gehalt von 0,4 bis 1,4% liegen Sprossen mit 2 bis 8,8% im Vorfeld der Wünsche nach einem gesunden Körper und schlanker Gestalt.

Nahrung für Seele, Leib und Geist

Der Leib ist die Erscheinung der Seele,
Die Seele ist die Erscheinung des Geistes.
Ludwig Klages (1872–1956)

Mystiker und Philosophen, geistige Führer und Yogis haben eine besondere Einstellung zu ihren Speisen und schlagen durch sie eine Brücke zwischen Seele, Leib und Geist. Hier wird Nahrung zum Lebens-Mittel in des Wortes wahrer Bedeutung.

Mit der Trennung des Seele-Leib-Geist-Geflechtes im analytischmaterialistischen Denken unserer westlichen Welt haben wir uns vom ganzheitlichen Sein abgewandt. Das Lebensmittel wurde zur Nahrung aus analysierbaren Einzelelementen: ein zerlegbarer Stoff.

Sprossen stellen an dich die Frage, ob du dich mit ihnen gleichrangig betrachtest, fernab der Einstellung als Beherrscher der Natur, zuständig für Produktionen, materiellen Fortschritt und Zuwachsraten.
So wie du keine wohlgenährte Maschine bist, für den Gebrauch bestimmt, und zur Verfügung stehst, so ist die Pflanze – Sprosse – nicht das Gleitöl für deinen Mechanismus.

Erst wenn aus der Identifikation mit der Pflanze Liebe erwacht ist, kann sie sich in ihrem Wesen uns leiblich vermitteln. Beziehung ist Gegenseitigkeit.
Erkennen – Wachsen – Wissen: sinnliche Erfahrung des Vegetabilen.

»Nicht der Mensch spricht aus seinem subjektiven Sein, nein, die Natur selbst ist es, die sich im Menschen ausdrückt.«
Johann Wolfgang von Goethe (1749–1832)

Weizengras im Wachstumszyklus

Zusammenfassung: Warum Sprossen?

- Sprossen sind lebensfrische Gemüsefrüchte. Sie sind lebendig im Sinne von Bircher-Benners Ordnungsgesetzen der Nahrungsenergie.
- Sprossen zeigen durch die Dichte ihrer Trieb- und Strahlkraft eine Höchstform an Lebendigkeit, verglichen mit anderen Nahrungsmitteln.
- Sprossen haben, verglichen mit ihrem Samen, einen viel höheren Lebensmittelwert.
- Sprossen sind frei von Schadstoffen.
- Sprossen vermehren Masse und Gewicht um ein Vielfaches und sind in der Winterzeit billiger als jedes Treibhausgemüse.
- Sprossen sind aufgeschlossene Nahrung. Sie sind durch den enzymatischen Vorgang vorverdaut.
- Sprossen schenken uns in ihrer natürlichen Ganzheit Mineralien, Spurenelemente, Vitamine und Enzyme. Diese Inhaltsstoffe vervielfältigen sich innerhalb der Keimung und bieten sich in leichter aufnehmbarer Form an.
- Sprossen sind neu zu entdekkende Köstlichkeiten mit unterschiedlichsten Geschmacksnuancen.
- Sprossen sind für uns Stadtmenschen lebenswichtige Begleiter. Sie beeinflussen unser ästhetisches Empfinden und machen uns empfindsam für die Lebensvorgänge innerhalb der Natur. Sie lösen die erstarrten Betrachtungsmuster unseres Umfeldes auf.
- Sprossen sind Über-Lebens-Mittel.

Du weißt alles, aber du brauchst mich und andere, um dir zu helfen, dich zu erinnern.
Plato (427–347 v. Chr.)

Der kleine Unterschied

Samen wachsen in ca. vier Tagen zu Sprossen. Sie sollten vor der Entwicklung ihrer kleinen Blättchen gegessen werden. Nach der Blattbildung haben sie einen Teil des Nahrungspotentials für ihre Eigenentwicklung aufgebraucht. Ihr Geschmack könnte dann unangenehm werden.

Samen, die ab dem siebten bis zwölften Tag geerntet werden, heißen dann 12-Tage-Kräuter. Sie haben ihre Reife bis spätestens zum zwölften Tag vollendet und sollten darüber hinaus nicht gegessen werden, weil sie sonst an Geschmack verlieren. Mit Hilfe des Sonnenlichtes bauen sich im Blatt organische Substanzen auf, zum Beispiel das Chlorophyll. Durch die Elektronenspeicherung im grünen Blatt werden sie uns, so sagt Bircher-Benner, zum ordnenden Lebensmittel voller Sonnenenergie. (8) Besonders im Winter ist das 12-Tage-Kraut – manchmal wird es nur als Grün oder Gras bezeichnet – von lebensfördernder Kraft.

Das grüne Geheimnis

»Die Farben sind die Taten des Lichtes«, sagt Goethe in seiner Farbenlehre, und gleichzeitig bemerkt er in seinen Studien, daß die einzelnen Farben besondere Gemütsbewegungen hervorrufen. Die Farbe Grün hat eine ausgleichende und harmonisierende Wirkung. Wir erleben es als beruhigend, sanft und freundlich. Das Wort grün wird vom althochdeutschen »gruoni« abgeleitet. Es stammt aus der germanischen Wurzel »gaô«. Es bedeutet soviel wie wachsen und gedeihen. In der englischen Sprache ist diese Bedeutung im Wort »to grow« = wachsen erhalten geblieben. Grün ist die Hoffnung – diese Hoffnung meint die erlösende Wiederkehr des Frühlings mit dem zarten Grün der ersten Blattspitzen. Und was läßt die Pflanze ergrünen?

Leinsamen

Was macht das Kraut so grün?

Der grüne Farbstoff der Pflanzen, das Chlorophyll, lagert in jeder einzelnen Pflanzenzelle des Blattes, in den sogenannten Chloroplasten. Sie ermöglichen unter Einwirkung von Licht, daß Kohlendioxyd aus Luft, Erde und Wasser in Stärke umgewandelt wird. Dabei gibt die Pflanze Sauerstoff an die Umwelt ab. Diese chemische Reaktion wird als Photosynthese bezeichnet. In der äußerst komplizierten Umwandlung, die bis heute noch immer nicht vollständig aufgeklärt ist, vollziehen sich wahre Wunder. Die anorganischen Stoffe (Kohlendioxid und Wasser) werden in organische Stoffe (Stärke) umgewandelt. Die Sonnenenergie wird eingefangen. Die vorher energiearmen und für den Stoffwechsel nicht brennbaren Substanzen werden zu energiereichen und brennbaren Produkten gewandelt. Dabei ist die Menge der gebildeten Stärke abhängig von der Lichtintensität und der Kohlendioxidmenge. Diese Überführung körperfremder Substanzen in körpereigene Substanz wird Assimilation genannt.

Damit wird die grüne Pflanze nicht nur zu einem wichtigen energieträchtigen Bestandteil unserer Nahrung, das grüne Kleid der Erde spendet uns auch den lebensnotwendigen Sauerstoff: kein Leben ohne Pflanzen.

Aus der Geschichte des grünen Blattes

Auch hier Erfahrungsmedizin. Schon Pythagoras (um 580–500 v. Chr.), Cato (234–149 v. Chr.) und Plinius (61–114 n. Chr.) loben die Wirkung des grünen Blattes, insbesondere die des Kohls. Der Kohl galt als Arzt der Vorsehung oder als Arzt der Armen. Die frischen gequetschen Blätter wurden als Auflagen bei den verschiedensten Erkrankungen erprobt. (17)

Kresse im Wachstumszyklus

Hildegard von Bingen (1098–1179) prägte in ihren naturkundlich-medizinischen Schriften den Begriff der Viriditas – der Grünkraft. Sie spricht in mystischer Weise von den Beziehungen der Pflanzen zu den Menschen. Die grüne Kraft wirkt nicht nur innerhalb der Vegetation, die grüne Kraft wirkt auch in uns.
Und wörtlich: »Die Seele ist die grünende Kraft des Leibes.
Die Seele wirkt mittels des Leibes und der Leib mittels der Seele.«
Und an anderer Stelle heißt es: »Weitherzigkeit, Gelassenheit und Liebe kennzeichnen die Seele des in der Grünheit lebenden Menschen.«
Sie spricht vom verinnerlichten Verhältnis und der seelischen Bindung zum Grün – zur Pflanze als Teilhaftigkeit an der göttlichen Schöpfungsidee. (7)

Ende des 19. Jahrhunderts greift der französische Mediziner Blanc von der Pariser Universität auf die vorchristliche Überlieferung zurück und schreibt über die Heilwirkung des Kohls aus neuer Sicht. Seiner Erkenntnis nach heilt das saftige dunkelgrüne Blatt Flechten, Ausschläge und tiefliegende Wunden. Die Pflanze hat die Eigenschaft, Giftstoffe aus dem Körper über die Haut abzuleiten und heilt bei entsprechender Geduld und Sorgsamkeit sogar Neuralgien, Muskel- und gelenkrheumatische Beschwerden. Des weiteren regt das Kohlblatt die Durchblutung des Gewebes an.
Manchmal, so sagt er, können durch die Anwendung zusätzliche Schmerzen als Reaktion auftreten, was für den Erfolg der Behandlung in akuten Fällen spricht. (17)

Schon seit 1956 steht fest, daß konzentrierter Kohlsaft die Heilwirkung bei Magengeschwüren beschleunigt. Die Wissenschaftler M. Louron und O. Lartigue schreiben in ihrem Buch »The Influence of Diet on the Biological Effects produced by whole body Irradiation«, daß die mit Kohl gefütterten Versuchstiere resistent waren gegen begrenzte Strahleneinwirkungen. (62)

In Kürze:

- Die Heilwirkung des grünen Kohlblattes ist aus der Erfahrungsmedizin bekannt.
- Hildegard von Bingen schreibt von der übergeordneten Wirkung des Grünen.
- Im 19. Jahrhundert wird die Erfahrungsmedizin wiederentdeckt.

Über die Heilwirkung des Chlorophylls: wie außen, so innen

Im Gegensatz zu den Heilkräutern, deren Inhaltsstoffe, ätherische Öle, Bitter- und Scharfstoffe, einen heilenden Effekt haben, wurde dem Chlorophyll der 12-Tage-Kräuter eine darüber hinausgehende spezifische Wirkung nachgewiesen.

Die Bedeutung des grünen Pflanzenfarbstoffes – Chlorophyll – ist Anfang dieses Jahrhunderts von Wissenschaftlern wie Professor Dr. Richard Willstätter und Professor Dr. Otto Gsell nachgewiesen worden.

Die Forscher betonen die Ähnlichkeit des molekularen Aufbaus von Chlorophyll mit Hämoglobin, dem roten Blutfarbstoff des Menschen. »Der Saft allen Lebens ist gleich – ob rot oder grün.«

Aufgrund der molekularen Ähnlichkeit ist Chlorophyll der beste Blutbilder, denn die Basis einer guten Gesundheit ist sauberes, gut ernährtes Blut, das durch Herz und Gehirn fließt und jedes Organ, alles Gewebe und jede Drüse mit den wichtigsten Nährstoffen versorgt.

Chlorophyll transportiert Sauerstoff in die Zellen und belebt die Atmung. Es sorgt für eine bessere Eiweißausnutzung, senkt den Insulinbedarf und verbessert die Schilddrüsentätigkeit.

Es harmonisiert das Säuren-Basen-Verhältnis im Körper und besitzt eine geradezu verschwenderische Anzahl an Vitaminen, vordringlich Vitamin A, C, P, U und Folsäure. (8)

In konzentrierter Form wirkt Chlorophyll leicht blutdrucksteigernd und in verdünnter Form schwach blutdrucksenkend. Bei Arteriosklerose wirkt es der Anreicherung von Cholesterin entgegen.

Auch bei einer Reihe anderer Krankheiten hat sich das Blattgrün als Heilmittel erwiesen.

In einem Artikel des amerikanischen Magazins »Science Newsletter« von 1940 berichteten Wissenschaftler von 1200 registrierten Fällen, in denen Chlorophyllsaft tiefliegende Infektionen, chronische Stirnhöhlenvereiterungen, Magengeschwüre und Bauchfellentzündungen geheilt hatte.

Ebenfalls 1940 wird im »Journal of Surgery« zu der Frage Stellung bezogen, ob es bei der Behandlung mit Chlorophyll zu eventuellen Nebenwirkungen kommt. Diese sind nicht gegeben. Ganz im Gegenteil. Es kam zu schneller, effektiver Abheilung im Gegensatz zu den typischen Nachwirkungen von Antiseptika und Antibiotika. Chlorophyll wirkt schonend und vor allem, es baut auf. (34)

Blattgrün und Blutrot sind nahe Verwandte. Beide unterscheiden sich praktisch nur durch ein Atom: Magnesium im Blattgrün, Eisen im Blutfarbstoff.

Das Blutrot hält durch seinen Eisenanteil den Sauerstoff fest und transportiert ihn durch den ganzen Körper. Das magnesiumhaltige Blattgrün holt aus der Luft das Kohlendioxid und verwertet es bei der Produktion von Blattzucker.

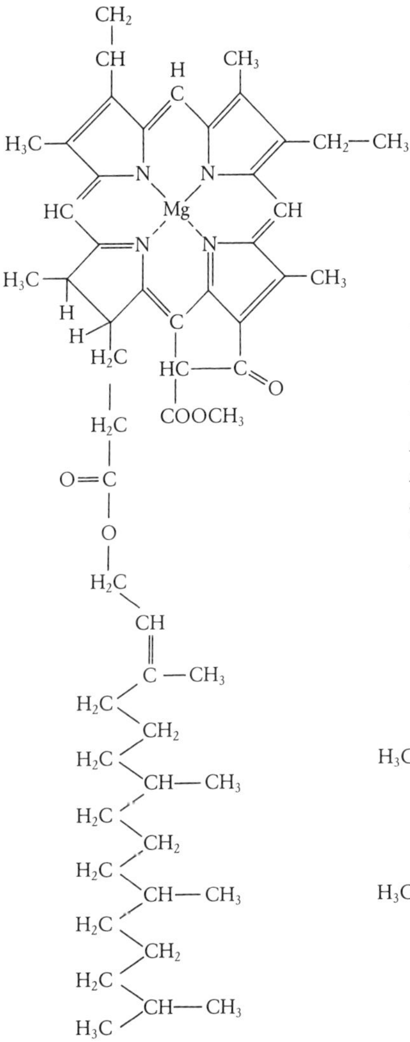

CHLOROPHYLL

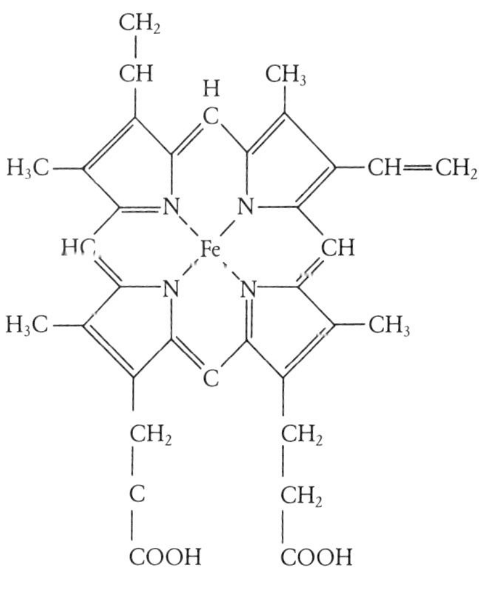

HÄMOGLOBIN

Jede Pflanze kann aus der sie umgebenden Niederspannungsenergie eine Art Hochspannungsenergie erzeugen. Durch diese Energieumwandlung spannt sie eine Feder, die andere Lebewesen mit Nahrung und Kraft versorgt. (43)

Gustav le Bon (1841–1931)

1919 hat le Bon das ausgedrückt, was heute R.-A. Popp mit der Photonenmessung sichtbar machen kann. Die Moleküle sind durch Lichtladungen lebendig geworden. Sie zeigen in diesen angeregten Zuständen Pulsationen und Fluoreszenz. Früher war es den Sehern und Erleuchteten vorbehalten, die Aura von Tier, Mensch und Pflanze sowie die Keimfähigkeit eines Samens zu erkennen. Das grüne Blatt, aber auch Sprossen und Knospen zeichnen sich durch diese »gespannte Feder« aus. Das wahre Geheimnis der Wickel mit dem grünen Blatt und dem Kohl liegt in deren Strahlungsfähigkeit. Daß diese Makromolekülverbände kosmische Lebensstrahlung aufnehmen, verstärken und wieder abgeben, wird der nächste Schritt der Beobachtung sein. Genau um diese Verquikkung von Geben und Nehmen ging es Bircher-Benner und Kollath, wenn sie von höchster Ordnung und Energie als Information in der Nahrung bzw. von sonnenlichtwertigen Potentialen sprachen. Dieser Reichtum ist verantwortlich für das Anwachsen der mikroelektrischen Spannung im Zellgewebe des ganzen Körpers und ist allein mit lebensfrischer Nahrung zu erreichen. Mit dem Anstieg dieser Spannung wird die Zellatmung angehoben, der Zellstoffwechsel aktiviert, die Abwehr-, Widerstands- und Erneuerungskraft der Zelle verbessert sich, der Stoffwechsel arbeitet wirtschaftlicher, und die natürlichen Heilungsvorgänge werden aktiviert. Kein Tag ohne grüne Blätter. (8)

In Kürze:

- Chlorophyll enthält lebendige Bausteine,
- Chlorophyll ist der Blutfarbstoff des Pflanzenlebens. Es ähnelt in seiner Struktur dem Hämoglobin,
- Chlorophyll wandelt Sonnenenergie für die Produktion von Zucker, Fett und Eiweißstoffen,
- Chlorophyll reinigt das Blut und spült Ablagerungen sowie Gifte aus dem Körper,
- Chlorophyll hemmt Entzündungen und schafft ein für Bakterien ungünstiges Klima, ohne direkt auf das Gewebe einzuwirken,
- Chlorophyll desinfiziert und heilt Wunden,

- Chlorophyll senkt in verdünnter Form den Blutdruck,
- Chlorophyll steigert in konzentrierter Form den Blutdruck,
- Chlorophyll wirkt der Arteriosklerose, der Anreicherung des Cholesterins, entgegen,
- Chlorophyll kann Schmerzen lindern und entkrampfen,
- Chlorophyll klärt den Atem und beseitigt unangenehme Körpergerüche,
- Chlorophyll hat eine neutralisierende Wirkung bei vergiftetem Wasser, bei Strahlenschäden und Giften aus unserem Umraum. (28, 30, 34, 38)

Weizengrassaft

Weizengrassaft wird gepreßt und unmittelbar danach in kleinen Portionen getrunken. Auch Gerste, Hafer und Roggen können zu Gras gezüchtet werden. Doch hier soll zuerst die Rede sein vom Weizengrassaft, der wegen seiner Inhaltsstoffe von Ann Wigmore bevorzugte Extrakt, den sie seit 30 Jahren im Hippocrates Health Institute erfolgreich gegen alle Zivilisationskrankheiten verabreicht.
»Das Weizenkorn enthält alle Elemente, aus denen der menschliche Körper aufgebaut ist, einschließlich reinigender, vitalisierender und regenerierender Substanzen. Diese Stoffe aktivieren die Energie und bauen überschüssige Säuren ab.« (64)

Der Weizengrassaft hat folgende Inhaltsstoffe:

- eine Höchstkonzentration an Mineralien, Spurenelementen, Vitaminen und Proteinen,
- ein enormes Enzymvorkommen,
- einen hohen Chlorophyllanteil.

Weizengrassaft entgiftet den Körper und hat die Fähigkeit, Nährstoffe, einschließlich Sauerstoff, unmittelbar ans Blut weiterzugeben.
Über den Nährwert des Weizengrases sagt Ann Wigmore: »15 Pfund Weizengras entsprechen 350 Pfund bestem Gemüse.« (38)
In Japan hat sich Dr. Yoshihide Hagiwara auf die Auswertung der Heilwirkung von Gerstengras spezialisiert. Er untersuchte 200 verschiedene Pflanzen auf ihren Gehalt an Vitaminen, Mineralien, Proteinen und Enzymen. In den Blättern junger Gerste (er ließ sie bis zu 50 cm hoch wachsen) fand er die balancierteste Nährstoffkonzentration. Der Gerstensaft wird zur Erhaltung der Enzyme bei niedriger Temperatur getrocknet, vakuumverpackt und in Gläser gefüllt verkauft. Davon haben inzwischen 7 Millionen Japaner profitiert, und die Studien von Hagiwara wurden

dadurch bestens unter Beweis gestellt. Gerstengras hat, verglichen mit herkömmlichen Nahrungsmitteln, folgende Inhaltsstoffe:

- 11mal soviel Kalzium wie Kuhmilch
- 5mal soviel Eisen wie Spinat
- 4mal soviel Vitamin B_1 wie Vollweizen
- 7mal soviel Vitamin C wie Orangen
- und hochangesiedelt Vitamin B_{12}

Die grüne Essenz gilt nicht nur als hochwertiges Nahrungsmittel, Hagiwara setzt den grünen Saft auch als Verjüngungsmittel erfolgreich ein.
Überlebenswichtig aber ist die anschließende Mitteilung:
»Die Polypeptide (Eiweißstoffe) des Gerstengrases werden vom Blut direkt absorbiert und fördern den Zellstoffwechsel sowie die Neutralisation von Kadmium, Strontium und Quecksilber, indem sie diese Schwermetalle in unlösliche Salze umwandeln.« (23, 24)

Auch der Japaner Professor Dr. Kazuhiko Kubota arbeitet mit Gerstengrassaft an der Science University of Tokyo. Das Enzym PD 41 wurde von ihm entdeckt und erfolgreich beim Wiederaufbau der durch Röntgenstrahlen geschädigten DNS (Träger der Erbanlagen) eingesetzt. Ein anderes von ihm entdecktes Enzym in Gerstengras ist das SOD. Es verlangsamt den Alterungsprozeß, verringert den Effekt radioaktiver Strahlung und wirkt allgemein entzündungshemmend. Außerdem gilt es nach Kubota als Antikrebsmittel und wird zur Förderung des Immunsystems eingesetzt. (33)
Die ausführlichen japanischen Studien sind abzuschließen mit den Erfahrungen von Dr. Tsureo Koda, der Grassaft gegen Nitroverbindungen anwendet. Sein Kollege Dr. Chiu Lai verweist noch einmal auf die reichhaltigen Inhaltsstoffe: Selen, Vitamin E, Vitamin A und Zink und deren krebshemmende Wirkung. Nach Lai sind diese Stoffe in großem Maße auch in Linsen- und Mungsprossen zu finden. (38)

Zurück nach Amerika. Neben Ann Wigmore arbeitet der Ernährungsforscher H. E. Kirschner seit vielen Jahren mit Grassaft. Er beobachtete eine Verbesserung im Herz-Kreislauf-System bei Gefäßerkrankungen sowie bei Störungen der Lunge. Ebenso erfolgreich wirkte der Grassaft bei Unfruchtbarkeit und Frauenkrankheiten.

Es wäre wünschenswert, daß der wirkungsvolle grüne Saft – der

Weizengras ▶

flüssige Sonnenschein –, nachdem er bereits an der Westküste Amerikas frisch zu kaufen ist, auch bei uns bald angeboten wird.

Die beiden folgenden Tabellen veranschaulichen den Reichtum an Inhaltsstoffen von Weizengrassaft im Vergleich zu einigen anderen Lebensmitteln.

Nahrungsmittel	Karotin	B_1	B_2	B_6	B_{12}	C
Grassaft	**52000**	**1,29**	**2,75**	**0,34**	**80**	**328,8**
Milch, vollfett	20	0,04	0,15	0,04	–	2,0
Milch, entrahmt	–	0,04	1,60	1,60	–	5,0
Lachs	–	0,30	0,12	0,30	–	0
Erdnüsse	–	0,02	0,08	–	–	0
Bananen	200	0,20	0,05	0,30	–	10,0
Spinat	8000	0,03	0,30	0,10	–	5,0
Blattsalat	200	0,06	0,06	0,07	–	5,0

Nahrungsmittel	Soda	Pottasche	Kalzium	Magnesium	Eisen	Kupfer
Grassaft	**775**	**8880**	**1108**	**224,7**	**15,8**	**1,36**
Milch, vollfett	36	160	100	14,0	0,1	0,02
Milch, entrahmt	470	1335	1200	111,0	1,0	1,39
Lachs	500	320	170	29,8	1,2	0,05
Erdnüsse	3	680	57	181,0	1,6	0,27
Bananen	8	348	5	41,9	0,4	0,16
Spinat	25	490	98	59,2	3,3	0,26
Blattsalat	30	208	21	9,7	0,5	0,15

E	Chlorophyll
51	**1490**
–	–
–	–
–	–
–	–
0,4	–
0,5	–
0,5	–

Hierbei sind die Vitamine des Grassaftes angegeben im Vergleich zu herkömmlichen Lebensmitteln (in Milligramm auf je 100 Gramm Nahrungsmittel) (38)*:*

hosphor	Mangan	Zink
594,3	**5,3**	**7,33**
90,0	–	–
980,0	–	–
320,0	–	–
380,0	–	–
23,0	–	–
52,0	–	–
25,0	–	–

Im Grassaft enthaltene Mineralien im Vergleich zu herkömmlichen Lebensmitteln (in Milligramm auf je 100 Gramm Nahrungsmittel) (38)*:*

Die Tradition der heilenden Würzkräuter

Gleicherweise haben die Kräuter auch ihre sonderliche Begierde und Zuneigung oder auch ihre widerwärtige Natur in einem und in dem andern.

Levinus Lemnius (1672)

Auf der Suche nach Heilung zieht es die Menschen wieder zu den Kräutern hin. Verschüttetes bricht hervor und wird hier in der Kunde über die Kräuter aufs Neue wieder lebendig. Der Mensch wußte schon immer, daß Pflanzen Kräfte freisetzen. »Laß deine Nahrung Medizin und deine Medizin deine Nahrung sein«, heißt es bei Hippokrates in seiner »Diaita«. »Die Kraft deines Körpers liegt in den Säften der Pflanzen«, sagt auch Sheng Nung, und aufgrund dieser uralten Formulierung aus Chinas traditioneller Medizin empfiehlt er Kräuter und heilbringende Sprossen. (46)

Überall, wo Menschen im Laufe der Geschichte ihre Spuren hinterließen, wurden Kräuter als Würze und intuitiv als Medizin genützt. Auch waren Würzkräuter auserlesene Gabe für die Götter.
Kräuter tragen ihr Geheimnis. Magische Formeln haften dem Grünen an.
In der Alchimie des Mittelalters sind es die erneuernden wie konservierenden Kräfte, die aus den Essenzen steigen. Parallel zu den Versuchen im Labor »läutert« der Alchimist auch seine Seele. Sein Ziel: Erleuchtung und Einfühlung in die »natura«.
Nicht viel später, im 17. Jahrhundert, mit der Übernahme des Gebotes von Erkenntnis, Forschung und wissenschaftlicher Revolution, werden die Menschen mit den Auswirkungen der Hexenverfolgung konfrontiert. Unwiderruflich ausgelöscht wird kostbarstes Gedankengut weiser, großer Frauen, die ihr Wissen um die Kräuter mit in den Tod nahmen.

Die Wiederentdeckung der Pflanzenkräfte am Anfang dieses Jahrhunderts basiert mehr auf theoretischer Erkenntnis, die aus den ersten Kräuterbüchern des Mittelalters und den noch älteren Handschriften aus griechisch-römischer oder arabischer Feder stammen. Es ist bekannt, daß Übersetzungen und Abschriften auch Fehlerquellen in sich bergen. Nur die mündliche Überlieferung ist als wahres Geheimnis anzusehen, da sie sich an der praktischen Überprüfung mißt. Hildegard von Bingen, die große Naturkundlerin und Seherin, bediente sich des antiken Ursprungs der grünen Medizin, aber im wesentlichen auf die mündliche Überlieferung aus ihrer Heimat. (7)

Heute verfügen wir über einen systematischen Kräuteranbau. Seine Anfänge finden wir im ersten Jahrtausend. Sie gehen auf Karl den Großen (747–819) und Ludwig den Frommen (788–840) zurück, die den Gemüse- und Kräuteranbau unter Einbeziehung ausländischer Pflanzen in deutschen Klostergärten förderten. Es war ein langer Weg, bis sich daraus die heutige Phytotherapie, die Behandlung mit Pflanzen, etablierte. Diese Heilmethode steht im Gegensatz zur Anwendung von pflanzlichen Arzneimitteln, die auf der Wirkung von starken Drogen, wie zum Beispiel Stechapfel, basiert. Der Grundsatz der Phytotherapie ist nahezu identisch mit den Anweisungen von Hippokrates:

- immer das mildeste Mittel benutzen,
- die ganze Pflanze verwenden,
- eine lange, kurmäßige Anwendung durchführen.

Die Phytotherapie versteht sich als ein Teilaspekt der gesamten Medizin und ist somit übergreifend auf alle Fachbereiche.
Sie ist ein beglückender Anfang, Mensch und Pflanze in einen neuen ganzheitlichen Zusammenhang zu stellen. Innerhalb dieser Therapieform begegnen sich Pflanze und Mensch in ihrer Einheit.
Der wachsende Erfolg der Phytotherapie basiert auf der Einsicht der Mitverantwortung für die eigene Gesundheit.
»Das Prinzip der Mitverantwortung ist das Thema unserer Gesundheit und unseres Überlebens.« (62)
Mit den 12-Tage-Kräutern und den Sprossen können wir im Sinne von Hippokrates zum eigenen Heiler werden, indem wir unsere Nahrung zur Medizin und unsere Medizin zu unserer Nahrung machen.

Die Wirkung der Würzkräuter

Es wirkt, was schmeckt; der Speichel fließt.
Herb – scharf – bitter – aufbrausend – beißend – frisch – sauer.
Das Elixier regt an und auf. Das Herz pocht laut. Die Träne rollt. Der Atem stockt.

Die 12-Tage-Kräuter

In weniger als 12 Tagen wachsen Kräuter wie Bockshornklee, Kresse, Rettich- und Senfkraut. Die pharmakologisch wirksamen Substanzen in den 12-Tage-Kräutern sind: Scharfstoffe, ätherische Öle, Bitterstoffe, Gerbstoffe und Sekretine, Balsame, Pflanzenschleim, organische Pflanzensäuren.
Die Ingredienzien der Kräuter regen trotz geringster Dosierung unseren Stoffwechsel an und weit mehr. Geist und Seele regen sich mit.

Scharfstoffe
In der gewürzten Speise verzehrt, regen sie die Sekretion in Mund und Magen an, erhöhen die Darmaktivität, vermindern Gärungs-

Nichts anderes in der Welt zieht die abgeplagte Seele so ins Gleichmäßige hin als das stille Aufmerken auf das Keimen, Blühen und Vergehen des Vegetabilischen, und wär's auch nur am Unkraut unter der Hecke.
Wilhelm Raabe (1831–1910)

Bockshornklee

und Fäulnisprozesse mit Blähungen und wirken krampf- und schmerzlindernd. In Kresse, Senf, Rettich und Bockshornklee kommen sie geballt vor. Die Senföle im Kraut wirken entzündungshemmend. Hochdosiert bewirkt das Grün eine Verzögerung des Herzvolumens bzw. eine insgesamt bessere Herzleistung.

Bitterstoffe
Sie teilen sich dem gesamten Organismus mit. Ihre Wirkung ist umfassend. Als besonders wichtig erweist sich jedoch ihre Fähigkeit, die intensive Nahrungsausnützung zu veranlassen. Das geschieht durch die Anregung der Verdauungssäfte sowie durch eine Stärkung der Magen- und Darmmuskulatur und der Magendrüsen. Neuere Untersuchungen sprechen auch von einer Anregung des Immunsystems. Das heißt, unser Körper kann durch die Bitterstoffe seine Anpassungsfähigkeit an außergewöhnliche Belastungen verbessern und seine Widerstandskräfte erhöhen. Bitterstoffe kommen ebenfalls in Senf-, Kresse-, Rettich- und Bockshornkleegrün vor.

Die ätherischen Öle
Sie wirken durch ihre Geruchsintensität auf uns ein.

Ich kann dich nicht riechen – Lust und Unlust erleben wir spontan und schnell im Sinnerlebnis des Richens.
Nur durch sorgsames Kauen werden die ätherischen Öle der Fasern freigesetzt und können Signale an das Gehirn weitergeben.
Kein Sinnerleben ist so unmittelbar und direkt wie der Geruchssinn. Da läuft das Wasser im Mund zusammen. Und der Spruch »Des Schmeckens bessere Hälfte ist das Riechen« lebt in den 12-Tage-Kräutern.

Die Sekretine
Sie erhöhen die Sekretion der Bauchspeicheldrüse und sind auch in Weizen, Reis und Sojabohnen vorzufinden.

Allen Würzkräutern ist eines gemein:
sie müssen zur Entfaltung ihrer Kräfte sehr, sehr gut gekaut werden.

Mit zunehmendem Erfolg der Phytotherapie nehmen auch Untersuchungen über die Wirksamkeit von Pflanzen im allgemeinen zu. Es kann als sicher gelten, daß die gewonnenen Resultate eine Vielfalt von früheren Einsichten bestätigen und auch neue Erkenntnisse hinzukommen. Abschließend möchte ich noch

auf eine wichtige Tatsache hinweisen: Kraut ist nicht gleich Kraut.
Wir leben in einer Zeit der sogenannten, oft zitierten und tatsächlich immer wieder erfahrenen Sachzwänge. Das heißt, gekaufte frische oder getrocknete Kräuter sind voller chemischer Rückstände. Der Boom der »grünen Medizin« fördert den Heilkräuteranbau. Leider werden auch hier Insektizide und Pestizide zum Einsatz gebracht.

Der französische Naturwissenschaftler und Pharmakologe Antoine Illes berichtet in seiner Doktorarbeit entmutigende Tatsachen. In 270 Proben von Heilkräutern, die aus vier Kontinenten stammten, stellte er 840 Pestizidrückstände fest. (43)

Ferner muß auf die Schäden durch Bestrahlung, die zur Konservierung von Gewürzen erfolgt, hingewiesen werden. Sie verändert Geschmack und Inhaltsstoffe. Die Würzkräuter werden dadurch nicht nur ihrer Heilwirkung beraubt, sie schaden. Auch der alternative Weg hat seinen Zwang.

Die Selbstversorgung mit den 12-Tage-Kräutern und eine gründliche Achtsamkeit bezüglich des Marktangebotes sind notwendiger denn je.

Rettichgrün

Die 12-Tage-Kräuter

In Kürze:

- Täglich frisches, reines Würzkraut in der Nahrung ist Vorbeugung und Medizin.
- Würzkräuter balancieren ungestüme Eßlust trotz ihrer appetitanregenden Wirkung, da durch den Speichelfluß und das gründliche Kauen die Nahrung besser ausgewertet wird.
- Würzkräuter verbessern den allgemeinen und speziellen Sekretfluß und erleichtern die Nahrungsaufnahme und -auswertung.
- Würzkräuter haben eine entzündungshemmende Wirkung und stärken das Immunsystem.

Es beruhen neun Zehntel unseres Glücks allein auf der Gesundheit.
Arthur Schopenhauer (1788–1860)

Der Kern der Sache

Und alles ist Samenkorn
Novalis (1772–1801)

Ich sage Samen und denke Natur. Natur, lateinisch *natura* von *nasci*: geboren werden, entstehen. Natur ist der Ausdruck für das, was jedem Seienden vom Entstehen her wesentlich ist. In diesem Sinne bin ich im Kern Natur und betrachte mich im Samenkern. Er ist in überzeugender Form geprägt durch das, was über das Sichtbare hinausgeht.
Der Same gebiert die Pflanze. Er ist das Bindeglied zwischen den einzelnen Generationen: aus seiner Essenz entspringt das grüne Kleid der Erde. Er ist Ausgangspunkt.
Das gesammelte Leben der sich auflösenden Pflanze manifestiert sich im Samen in verdichteter Form. Natur ist sein Name. Gedrungen und fest kauert er in vielfältiger Gestalt. Trutzig hüllt er sich in Schale. Partikelklein mit Schwingen aus Haar, kann er sich in die Lüfte heben. Oval, platt, rund, vieleckig – Zeichen.

Samen stellen Fragen: Wohin, woher? Und wissen die Antwort. Farbenspiele: Stechendes Zinnober, schwarz gerändert, wird im Schatten rosa. Schlieren in grauem Perlmutt. Unscheinbar, Dreck? Daneben läßt speckiger Glanz von Marmor träumen. Mürbes Braun spricht von altem Stein, rostzerfressenem Eisen. Samen sind Symbole des Numinosen. Wesentlich, doch ungreifbar. Das Ganze ist mehr als die Summe der einzelnen Teile. Kein trefflicherer Vergleich stellt sich ein. Da wirbelt die Vielfältigkeit, sich strömend auszutauschen, um in veränderten Gestalten wiederzukehren.
Alles fließt. Same klein – Same groß. Die Welt in einem Samenkorn.

Kichererbsensamen (Maßstab 13:1)

Während winzige Samen sich unserem Auge entziehen, hilft das Vergrößerungsglas den »Solitär der Natur« zu schauen. Polierte Welten, schroff, dort Gebirge und Tal, scharfe Kanten, Endmoränen, Fetzen zwischen Schorf und Haar, Loch und Tiefe, Gletscherspalten.
Verwundert hält das Auge an. Welten ohne Zeit und Raum. Den Samen in den Händen wiegen. Mit den Fingerspitzen seine Einzigartigkeit zu tasten, ist Übung unbefangener Hingabe und Gebot vor dem Lebendigen. Abzustreifen unseren Ordnungssinn zwischen Nützlichkeit und Profit. Hinauszudenken über Ursache und Wirkung. Freimachen von überholten Gesetzen.
Natur als Gegenwelt.
Nach innen horchen, das Unsichtbare im Fühlen sichtbar machen. Sich vernetzen im Strom des Lebendigen.
Und nach jener Farbenpracht in Hülle und Fülle bleibt noch vom Duft zu atmen.
Vom gestoßenen Fenchel, Würze vom Kümmel und Anis. Scharfer Bockshornklee. Senföl steigt uns in die Nase – sticht das Auge. Das Wesen der Pflanze haucht uns an.
Sinnliche Erfahrung aus Feuer und milchiger Süße. Die Wahrnehmung ist Atemzug und mißt die Zeit. So, wie sich die Jahreszeit im Wesen des Samens prägt, im Zyklus von »Stirb und werde«.

Das Verborgene ist die nachweisbare Gegenwart der Zukunft.
Jean Gebser (1905–1973)

Welches Saatgut für den Zimmergarten?

Eine heikle Frage für mich bei Vorträgen. Werde ich mit meinen eigenen Argumenten geschlagen? Jede Frucht kann tatsächlich nur so gut sein wie der Umraum, in dem sie wächst.
Auch die Qualität der Naturkost unterliegt diesem Anspruch.

»Wir können durch den Einkauf von Waren aus kontrolliertem Anbau nicht uns selbst, sondern nur die Erde gesund essen.« (63) Dieser selbstkritische Satz von Roman Brüll spricht aus, daß trotz idealer Vorgehensweise im biologisch-dynamischen Anbau die Einwirkung durch Luft- und Wasserverschmutzung nirgends halt macht.
Es geht darum, das gegenwärtig Bestmögliche zu tun. Dafür steht die Sprossenzucht. Pessimisten mögen auch hier von Schadstoffen und Giften im Samen reden.

Doch die Realität zwingt uns zur nüchternen Einschätzung der verbleibenden Möglichkeiten und zum Handeln.

Und nun zum Kauf des Samens. Jeder muß letztendlich selber entscheiden, wo er seine Samen für die Sprossenzucht kauft. Unverzichtbar ist der ungebeizte Samen mit höchster Keimfähigkeit. Freilandsamen entwickelt sich auch mit einer vorbeugenden Beizung zu einer Pflanze. Aber wenn wir einen solchen Samen in der Sprossenzucht verwenden, gelangt die Chemikalie in unseren Körper. Wir essen den Samen nach einer geringen Wachstumszeit, deshalb gibt es keine Chance, daß die Beize sich abbaut. Ferner muß eine besonders hohe Keimfähigkeit garantiert sein. Ist das nicht der Fall, gibt es erhebliche Einbußen in der Sprossenzucht.
Nichtkeimende Samen gären und verderben das Milieu im Sprossengerät. Auch jeder beschädigte Samen – und das können wir von außen nicht erkennen – beginnt langsam zu gären und zu faulen.

Ich versorge mich, trotz der hohen Preise, ausschließlich mit Samen aus dem Reformhaus. Die Samen von Biokosma zum Beispiel sind speziell für die Sprossenzucht und die 12-Tage-Kräuter auf ihre hohe Keimfähigkeit und eventuelle Rückstände hin überprüft und stammen aus kontrolliert biologischem Anbau (IFOAM). Vorsicht bei Getreidekörnern, Hülsenfrüchten und Gewürzen aus den Regalen der Lebensmittelgeschäfte. Sie werden mit Bürsten und Wasser gereinigt und dadurch so geschädigt, daß die Keimfähigkeit unter 80% sinken kann. (31)

Als ich vor sechs Jahren aus Amerika zurückkehrte und hier in Deutschland Samen für die Sprossenzucht suchte, war ich froh, wenigstens eine (im Anhang aufgeführte) Firma als Ansprechpartner zu finden, die der damals noch relativ unbekannten Sprossenzucht mit den verschiedenen Samen auf die Sprünge half und die gefragten Mengen des Saatgutes liefern konnte. In den vielen Jahren meiner Samen-/Sprossenerfahrung bin ich den verschiedensten Qualitäten begegnet. Ich weiß heute auch sehr wohl um die Lieferengpässe in der biologisch-dynamischen Saatgutzucht. Es ist für jeden heute ein Problem, gutes Saatgut zu haben. Gekennzeichnet sind diese Schwierigkeiten auch von dem erschreckenden Verlust der Artenvielfalt mit der entsprechenden Reduzierung der Nahrungsqualität. (6)

Die einseitige Zucht auf Höchstleistung, leichte maschinelle Verarbeitung, die nur noch mit entsprechenden Dünge- und Schädlingsbekämpfungsmitteln funktioniert, zeigt sich in einer Agrarpolitik, die einerseits zu den Überschüssen geführt hat und andererseits zu denaturierter Nahrung. (42)
Daneben gewinnt das Bio-Design mit rasender Geschwindigkeit an Boden. Der Bereich der Natur droht in Computermaterial abzugleiten.

Noch repräsentiert der Samen Leben. Er manifestiert seine Kraft in der Keimfähigkeit. Und eben das ist die vordringliche Basis in der Sprossenzucht. In der Keimung zeigt sich der eigentliche Wert, unabhängig von Beschreibungen und Tabellen über die Vorteile von Vitaminen, Mineralien und Spurenelementen.

Allein die Keimfähigkeit führt zur Entstehung des Lebens, zum Treiben der Sprosse. Aber nicht allein der Wachstumsprozeß öffnet uns die Augen. Es ist vielmehr die Unergründlichkeit des »Warum«, die Frage nach dem eigentlichen Auslöser von Lebenstrieben, die trotz aller Erkenntnisse der wissenschaftlichen Anstrengung bisher unerklärbar blieb. Dieses Geheimnis bewegt uns. Nicht zuletzt für unser eigenes Überleben. Die Zukunft läßt zwei Möglichkeiten offen: entweder die Fortsetzung der gigantischen Manipulation an der Natur oder die Besinnung auf die ökologischen Gesetze und ihre Grenzen (dazu kann die tägliche Arbeit im Zimmergarten ein – schon beschriebenes – vielschichtiges Umdenken und Andersleben auslösen; für den einzelnen wie für uns alle).

In Kürze:

- Voraussetzung für die Sprossenzucht ist ein biologisch gewachsener Samen mit höchster Keimfähigkeit und höchster Widerstandskraft, ein Samen, der nach der Ernte nicht chemisch behandelt wurde.
- Der Samen für die Sprossenzucht kann nicht aus Samen oder Körnern bestehen, die für den Verzehr bestimmt sind, da sie keine garantierte Keimfähigkeit haben.
- Nur ein speziell überprüfter Samen kann sich im feuchtwarmen Milieu des Zimmergartens bewähren.
- Jeder beschädigte oder »schwache« Samen beginnt zu faulen, und es kommt zu Schimmel- und Pilzbildung.

Samenmischungen für die Sprossenzucht

Getrocknete Samen, Getreide und Hülsenfrüchte enthalten keine feststellbaren Spuren von Ascorbinsäure, werden sie jedoch zum Keimen gebracht, so weisen sie ganz bedeutsame Mengen auf, die für das Vermögen des Körpers, Proteine zu verdauen, von besonderer Wichtigkeit sind. Die unbegrenzte Zunahme von Ascorbinsäure (verfügbar als Vitamin C) in Sprossen leitet sich aus ihrer Aufnahme von Grundstoffen aus der Luft während des Wachstumsvorgangs ab.

Samen lassen sich wunderbar mischen und schaffen dadurch eine Vielfalt an Geschmacksrichtungen.
Linsen erhalten durch eine kleine Zugabe von Rettich- oder Senfsamen ein neues Aroma und werden gleichzeitig noch bekömmlicher. Oder denken wir an den eigenwilligen Bockshornklee, dessen Duftstoffe schon das Einweichwasser würzen.
Unserer Phantasie sind wirklich keine Grenzen gesetzt.
Wir müssen nur darauf achten, daß die vorgegebenen Keimzeiten eingehalten werden.
Ich habe es besonders gern, wenn einer Grundmasse jeweils winzige Anteile an scharfen Sprossen zugesetzt werden. Die Proportionen bestimmen die eigene Note und bewirken das »Parfüm«.

Hier einige Grundzusammenstellungen:
- Adzuki – Senf
- Hafer – Gerste – Reis – Bockshornklee
- Kichererbse – Senf
- Linse – Rettich
- Mungbohne – Bockshornklee
- Sojabohne – Bockshornklee
- Weizen – Roggen – Rettich – Leinsamen

Für den Grünkrautgarten:
- Buchweizen – Bockshornklee
- Luzerne – Rettich – Senf
- Sonnenblume – Weizen – Rettich

Scharfe Samen mit ätherischen Ölen und Bitterstoffen haben außer ihrer geschmacksverändernden auch eine »reinigende« Wirkung auf das Milieu im Sprossengarten. Sie verhindern auch Gärungen.

Achtung:
Luzernesamen brauchen mindestens sechs Tage bis zu ihrer Reifung bzw. zum Abbau eines natürlichen Giftes. Bitte Luzerne

weder mit Getreiden noch mit Hülsenfrüchten mischen, die eine geringe Keimzeit haben! Beim Kauf von fertigen Samenmischungen sollten Sie diese Tatsache ebenfalls beachten.

Das Wasser

Das Wasser braucht nicht den Fisch,
um zu sein;
aber der Fisch braucht das Wasser,
um zu sein.
Chinesisches Sprichwort

Wasser – Wärme – Samen. Ohne das frische Naß könnte der Samen seinen schlafenden Zustand nicht beenden, und wir könnten keine Sprossen essen.

In den letzten Jahren sind die Auswertungen über den Grad der Verunreinigung unseres Wassers zurückgehalten worden. Die Schadstoffbelastung in diesem wichtigen Lebensmittel (wir sollten täglich 2–3 Liter Flüssigkeit zur Ausscheidung trinken) wird nur bei drohender Gesundheitsgefährdung in akuten Fällen bekanntgegeben, darauf einigten sich Experten der Lebensmittelüberwachung.

Auch wenn Greenpeace und das Ökoinstitut Freiburg seit Jahren schon Aufklärung über den derzeitigen Verunreinigungsgrad betreiben, wird erst durch Katastrophen, wie die kürzlich in der Schweiz ausgelöste, die Öffentlichkeit aufgerüttelt.

Zur Vorsorge sollte das Wasser für die Sprossenzucht abgekocht und gefiltert werden. In Filtergeräten läuft das Wasser über die poröse Struktur der Aktivkohle, und gesundheitsschädliche Stoffe lagern sich ab. Das Abkochen beseitigt schädliche Keime. Ich setze dem Gießwasser für die Sprossen zur Bindung eventueller Giftstoffe und zur Mineralisierung Heilerde hinzu (1 Teelöffel auf 1 Liter). Es ist durchaus empfehlenswert, zur Vorsicht Mineralwasser zu verwenden, wenn schlechte Wasserwerte bekannt sind. (69)

Die Bedeutung des Lichtes in der Sprossenzucht

Der Natur folgend können Sprossen auch in der Dunkelheit zur Keimung gebracht werden, während Grünkraut immer Licht braucht, um mit Hilfe der Photosynthese Chlorophyll bilden zu können.

Wie der Mensch im Kraftfeld des kosmischen Rhythmus steht, so auch die Pflanze. Sie ist besonders stark mit dem Mond verbunden. Bei zunehmendem Mond vollzieht sich die Auskeimung sichtbar schneller.
Auch ist die Auskeimung, je nach Jahreszeit, unterschiedlich. Im Januar verlangsamt sich der Stoffwechsel derart, daß sich die Auskeimung bis zu zwei Tagen verzögern kann.
Der April und auch der Mai hingegen beschleunigen die Lebensvorgänge. In dieser Jahreszeit wachsen Sprossen schneller als zu jeder anderen Zeit, und das ist relativ unabhängig von der Wärme.
Mit dem Beginn des Juni hin zur Sommersonnenwende pendelt sich der Wachstumsrhythmus auf den Herbst zu. Das verminderte Licht und die Wärmekraft reichen zwar zur Ausreifung der Früchte, aber die Sprossen wachsen langsamer.
Der November/Dezember mit der größten Tagesdunkelheit ist die kritische Zeit im Zimmergarten. Hier wird es nicht nur notwendig, den Pflanzen grundsätzlich Dosierungen künstlichen Lichtes, sondern auch Mineralien in Form von Heilerde ins Gießwasser zu geben.
Helligkeit und Dunkelheit nehmen auch Einfluß auf den Geschmack der keimenden Samen, und es kommt zu kleinen Verschiebungen bei der Vitaminbildung.
Zum Beispiel steigt der Vitamin-

C-Gehalt mit dem Tageslicht und der Vitamin-B-Gehalt mit der Dunkelheit. Die Vitamine A, E und K wiederum vervielfältigen sich im Licht.

Wir können die Lichtverhältnisse ändern, indem wir die Sprossen in einen gut durchlüfteten Schrank stellen oder sie mit einem Tuch abdecken. Experimentieren macht Spaß und bereichert die Erfahrung, so daß jeder früher oder später genau wissen wird, bei welchem Licht er seine Sprossen züchten will.

Der Kressen ist einer wild/der ander zam.
Der wilde wächst gern bey den Bächen oder im Gewässer/ Brunnkress genannt/es sei viel Tugend an ihm./...
Die Gartenkress ist zam/wächst in den Gärten und vertreibt Gicht und Husten... (16. Jahrhundert)

Kresse

Geräte für die Sprossenzucht

1. Einmachgläser
2. Plastikfliegendraht aus dem Haushaltswarengeschäft zum Verschließen der Einmachgläser sowie Gummiringe. Gazeverschlüsse aus Baumwolle sind nicht empfehlenswert, sie werden muffig.
3. Moltontuch oder Fließpapier für die Züchtung auf feuchtem Grund.
4. Keimschalen aus dem Reformhaus. Das praktische Stapelgerät ist aus spülmaschinenfestem, UV-beständigem Kunststoff mit der Qualitätsbezeichnung SAN. Wichtigster Vorteil dieses hochwertigen Materials für die Sprossenzucht ist, daß die sich entwickelnden Wurzelsäuren, die während der Keimung ausgeschieden werden, diesen Kunststoff, im Gegensatz zu anderen Qualitäten, nicht angreifen können (siehe Herstellernachweis S. 262).
   In den gestapelten Keimschalen wachsen die Sprossen wie im Erdreich von unten nach oben – also der Natur entsprechend. Gleichmäßige Lichteinwirkung schafft gleichmäßige Auskeimung im durchlüfteten, feuchten Umraum. Ich empfehle, die Sprossen im Stapelgerät täglich gründlich zu spülen, indem die einzelnen Etagen des Gerätes auseinandergenommen werden, um den Abtransport der Stoffwechselprodukte zu garantieren.
5. Eine große Schüssel zum Waschen der Sprossen.
6. Behältnisse zur Aufbewahrung der Sprossen im Kühlschrank. Sie sollten aus Glas oder aus hochwertigem Kunststoff sein.
7. Ein Gerät zur Filterung und Aufbereitung des Wassers aus dem Fachhandel.
8. Abtropfschüssel oder Geschirrkorb.

Alle in der Sprossenzucht verwendeten Geräte müssen peinlich sauber gehalten werden. Nicht empfehlenswert ist ein auch in Reformhäusern erhältliches schmales Zylindergerät aus unadäquatem Kunststoff. Durch die Röhrenform wird ein nachteiliger Tunneleffekt erzeugt. Während die dem Licht zugewandten Pflanzen im Außenbereich schnell auskeimen, werden die innenliegenden Samen behindert. Im Inneren wird es durch die Pflanzenaktivität, sprich Stoffwechselprozesse, zu warm, und es kommt zur Gärung. Wachsen zum Beispiel Luzernen in diesem Gerät, so sehen

die äußeren schon reif aus, während die innenliegenden Pflanzen noch unterentwickelt sind und das in ihnen vorhandene Canavanin noch nicht abgebaut haben.

Das sonst so sympathische Naturmaterial Ton ist für die Sprossenzucht nicht empfehlenswert. Ton ist ein poröses Material und sammelt die Schadstoffe aus den Stoffwechselprozessen. Der saugfähige Ton hält zwar die Feuchtigkeit gut, aber leider damit auch die darin enthaltenen Verunreinigungen.

Grundsätzliches über die Sprossenzucht

Bevor der Keim mit seinem Wachstum beginnen kann, müssen vier Voraussetzungen erfüllt sein:

- Feuchtigkeit
- Temperatur

Zerbrochene Samen

- Sauerstoff – Luftzirkulation
- Licht

Sprossen lieben grundsätzlich indirektes Licht.

Grundregeln:

- Halten Sie die Sprossen feucht – nie naß.
- Sorgen Sie für eine gleichmäßige warme Umgebung von 18–21 Grad.
- Spülen Sie die Sprossen regelmäßig, das heißt, möglichst immer zur gleichen Zeit, mindestens zweimal täglich.
- Achten Sie darauf, daß sie sich ausreichend ausdehnen können und genügend Sauerstoff zur Atmung haben. Jedoch ist Luftzug zu vermeiden.
- Im Winter, wenn Sie nachts die Temperatur aus Energiebewußtsein nicht halten wollen, sollten Sie die Gefäße mit einer wärmenden Decke locker abdecken.
- Wer eine große Familie hat, kann sich im Winter die Sprossenzucht erleichtern, indem er einen alten Schrank mit einer

Zerbrochene Samen gären

wärmenden Glühbirne ausstattet, um Tag und Nacht eine bestimmte Durchschnittswärme zu halten.

Gründe, weshalb Sprossen nicht keimen

- Die Samenqualität entspricht nicht den Anforderungen für die Sprossenzucht.
- Der Samen ist zu alt, verletzt oder falsch gelagert.
- Die Samen sind in den Keimgefäßen zu wenig feucht gehalten.
- Die Samen faulen
  - als Reaktion auf chemische Vorbehandlung
  - als Reaktion auf zuviel Feuchtigkeit.
- Die Samen gehen nicht auf, weil die Temperatur zu niedrig ist.

Reaktion auf zuviel Feuchtigkeit

- Die Samen entwickeln zu viele Gase, weil
  - die Belüftung mangelhaft ist
  - sie nicht sorgfältig gewässert wurden
  - sie zu dicht in das Gefäß gepreßt sind.
- Die Samen haben zuviel Licht bzw. es wird zu warm.
- Die Sprossen wachsen in einem Metallgefäß.
- Im Sprossengefäß oder in der Gaze haben sich Pilze angesammelt.

Alle gärtnerischen Hinweise kommen aus meiner eigenen Erfahrung. Jeder Samen ist einzigartig, wie du und ich. Es kommt auch auf die Beziehung, auf die innere Einstellung zu unseren Pflanzen an. Meine Ratschläge sind Anregungen, die durch persönliche Versuche und Einsichten ergänzt werden müssen.

Überkeimung mit beginnender Fäulnis

Die Sprossenzucht am Beispiel der Mungbohne

1. Tag, abends:
Waschen Sie eine Tasse Mungbohnen in stehendem Wasser. Eventuelle Schmutzteile schwimmen nach oben. Geben Sie die Bohnen in ein flaches Gefäß, verlesen Sie sie und übergießen sie mit ca. 5 Tassen gefiltertem Wasser.

2. Tag, morgens:
Die Bohnen sind mächtig aufgebläht – vollgepumpt mit Wasser; ihre Größe hat sich nahezu verdoppelt. Kein Wunder, ihr Wassergehalt ist von 6–12% auf ca. 70% angestiegen. Bläschen an der Wasseroberfläche verdeutlichen die beginnende Stoffwechselaktivität im Samen. Mit der Aufnahme des Wassers ist auch Sauerstoff in den Samen gedrungen. Der Umwandlungsprozeß hat begonnen.
Das Einweichwasser hat Nährstoffe aus dem Samen aufgenommen. Nicht fortgießen, sondern als hochwertiges Blumenwasser verwenden!
Vorsichtshalber werden die Bohnen noch einmal verlesen. Sollte ein Samen nicht angeschwollen sein, ist er nicht keimfähig. Er wird herausgenommen, denn sonst würde er in der Feuchtigkeit des Glases gären und das Milieu im Sprossenglas verderben. Füllen Sie nun die Bohnen in ein 1½-Liter-Weckglas, das Sie mit dem Fliegendraht und einem Gummiring verschließen. Das Glas wird schräg auf ein Ablaufbrett gestellt, mit der Öffnung nach unten, damit Sauerstoff einströmt und verbleibendes Tropfwasser herausläuft.

2. Tag, abends:
Gießen Sie gefiltertes Wasser durch den Fliegendraht ins Glas, und spülen Sie die Bohnen kräftig durch. Während des Keimens haben sich die Sprossen aufgrund ihrer Stoffwechselaktivität erwärmt. Das Gießen ist besonders im Sommer auch als Abkühlung zu verstehen. Die Samen bleiben einige Minuten im Wasser und pumpen sich dadurch mit Feuchtigkeit auf. Das Wasser wird abgegossen und das Glas wieder schräg auf das Ablaufbrett gestellt.

Bis zum nächsten Morgen hat sich der Sproß durch den Nahrungsvorrat gebohrt und die Schale gesprengt.

3. Tag, morgens:
Die Bohnensprossen wachsen unglaublich schnell. Wie am Vortag werden sie gespült und gewässert. Gießen Sie das Wasser ab und bringen Sie die Gläser wieder in Kippstellung – der Fliegendraht zeigt nach unten.

3. Tag, abends:
Spülen, wässern und kippen. Unvorstellbar, wie sich die Sprossen enwickelt haben.

4. Tag, morgens:
Es wuchert im Glas – jetzt können die Früchte schon gekostet werden. Welch süßer Erbsgeschmack! Die kleine Frucht ist viel süßer und knackiger als die zarteste Gartenerbse.

Die Sprossen werden gespült und gewässert. (Je nach Außentemperatur sind die Sprossen früher oder später fertig und können schon verzehrt werden.)

4. Tag, abends:
Stellen Sie die Sprossen in die Kipplage. Sie sind auch tagsüber

Der Ablauf bei der Mungbohnensprosse läßt sich auf alle anderen Samen übertragen, wenn er entsprechend der Tabellenangaben und Fotos der Samenbiographie befolgt wird.
Bei einer Mißernte bitte Geduld – nur Übung macht den Meister!

enorm gewachsen und scheinen das Glas zu sprengen. Erntezeit. Guten Appetit!

Die Ernte der Sprossen
In diesem Moment werden die Möglichkeiten der Selbstversorgung jedem voll und ganz bewußt. Mit den Sprossen haben sie sich von der entfremdeten Giftnahrung und zahlreichen anderen Abhängigkeiten losgesagt. In Gefäßen, die etwas Luft hereinlassen, können die Sprossen bis zu vier oder fünf Tagen im Kühlschrank verwahrt werden. Sie sollten sie täglich sorgsam in einem Sieb waschen. Die Sprossen setzen ihren Wachstumsprozeß auch im Kühlschrank fort. Planerisches Vorgehen im Zimmergarten wird eine Lagerung kaum nötig machen.

Genießen Sie Ihre erste Ernte.

Anmerkung:
Die stärkehaltigen Hülsenfrüchte werden grundsätzlich mit kaltem Wasser gegossen. Ansonsten ist handwarmes Wasser ratsam.

Buchweizengrün

Geräte für die Grünkrautzucht

Je nach der Methode des Anbaus, in Erde oder im Hydrogerät, werden unterschiedliche Artikel gebraucht.

Für die Aufzucht in Erde:
1. Erde und Torf
2. Kisten, Pflanzschalen
3. Plastiksäcke in verschiedenen Größen, möglichst gelöchert
4. Eine kleine Gießkanne oder ein Wäschesprenger.

Für die Aufzucht auf saugfähigem Material:
1. Molton oder Fließpapier
2. Wasserzerstäuber.

Für die Hydrokultur:
1. Ein Hydrogerät
2. Eventuell ein Zerstäuber.

Die Erde

Boden und Pflanze bilden eine Lebensgemeinschaft. Nur auf fruchtbarem Boden kann der Samen seine volle Kraft entwikkeln. Im natürlichen Kreislauf verbleibt ein Teil der Pflanze zur Humusbildung im Boden – Geben und Nehmen.

Millionen verschiedener Kleinstlebewesen bauen die zurückgebliebenen Pflanzenteile ab und ergänzen damit den Humus. Humus ist ein dynamisch-lebendiges Gebilde und ändert seine Form ununterbrochen. Einmal kann er mehr Stickstoff, ein anderes Mal mehr Phosphorsäure enthalten. Da es sich bei der Humusbildung um einen organischen, lebendigen Vorgang handelt, kann man ihn nicht experimentell nachahmen, so wenig wie man ein Samenkorn nachmachen kann. Chemische Düngung bildet keinen Humus –

In der Natur stammt jede Nahrung aus abgelaufenen Lebensvorgängen. Eines lebt vom Tode des anderen, von den Abfällen des anderen. *Hans Peter Rusch*

◀ *Anzucht der Sprossen im Bio-Snacky*

im Gegenteil, sie zerstört ihn. In der Erde begegnen wir dem Urphänomen des Lebendigen. Der Arzt und Ernährungswissenschaftler H. P. Rusch sagt: »Alles, was auf dieser Erde lebt, ist durch den Vorgang der Ernährung miteinander verbunden. Die Pflanze vermag sich nicht nur aus anorganischer Materie zu ernähren, wie es die Botanik lehrt, sondern bedarf zum Wachstum dieser Lebenseinheiten, die sie im Humus findet. Bei diesen Prozessen spielen die Bakterien eine dominierend wichtige Rolle. Die heute allgemein anerkannte Lehre, daß Leben nur aus einer lebenden Zelle entstehen kann, bedarf der Ergänzung durch den Satz, daß Leben in gesunder Form auf die Dauer nur durch Zufuhr lebender Substanz erhalten werden kann.« (54)

Um eine solche Erde zu bekommen, werden Sie zur Selbsthilfe greifen müssen.

Dazu brauchen Sie folgendes Zubehör:

1. Erde ohne chemischen Zusatz aus einer Gärtnerei
2. Einen großen Abfalleimer, besser zwei (ich benutze einen Eimer auf Rädern, das ist sehr praktisch)

Regenwürmer

3. Regenwürmer aus der Zoohandlung oder aus dem Versand (siehe Herstellernachweis S. 262).

Mit Hilfe von Regenwürmern und Küchenabfällen, bzw. später aus den Resten der Anpflanzungen, wird ein kleiner Kompost angelegt. Die Regenwürmer sind unersetzliche Helfer. Sie durchkämmen den Boden, durchlüften das Erdreich und wandeln unsere organischen Abfälle in nährstoffreiche Bodenkrümel.

Und so wird es gemacht:

- Füllen Sie fingerdick Erde in den Eimer, darüber eine Lage zerknülltes und eingeweichtes Zeitungspapier.
- Die organischen Haushaltsabfälle (z. B. Kartoffel-, Gemüse- und Obstschalen, Wurzelreste aus dem Zimmergarten, einge-

Einsaat auf Erde

weichte Brotreste) unter das Papier mengen.

- Dieser Nährschicht fügen Sie ca. 500 Kompostwürmer für den Start hinzu, die täglich ca. 100 Gramm Küchenabfälle umsetzen.
- Nach einigen Monaten können Sie »ernten«, wenn Sie die Würmer regelmäßig einmal täglich gefüttert haben.
- Den Eimerinhalt auf einer Folie ausbreiten, die Kompostwürmer herauslesen und einem neuen Ansatz zugeben. Eine andere Möglichkeit ist, einen Drahtkorb oder ein gelochtes Behältnis auf den Erdeimer zu setzen, der mit organischen Abfällen gefüllt ist. Die Würmer werden umgehend in die frischen Abfälle wandern, und Sie können die inzwischen wurmfreie Erde aus dem Eimer nehmen.
- Diese Wurmerde wird der gekauften Erde in einem Verhältnis von 1:3 zugemischt.

Anmerkung:
Wurzelreste aus dem Zimmergarten in den Müll zu werfen, ist jammerschade. Wer sie nicht zur Aufwertung des Minikompostes verwahrt, sollte sie an einen Gartenfreund weitergeben. Es gibt kaum eine Gartenerde, die sich nicht durch das Wurzelwerk aus dem Zimmergarten regenerieren ließe. Mit der Wurzelmatte des Weizengrüns läßt sich zum Beispiel der Boden im Winter abdecken. Sie fördert die Mikrolebewesen im Boden und bildet Humus. Die Matte wird nie eingegraben – bestenfalls untergehoben.

»...der wesentliche Bestandteil der Komposte sind nicht die chemisch feststellbaren Mineralien, Spurenstoffe, Vitamine oder Fermente, sondern die spezifische lebende Substanz, der biologische Zustand jeder kolloidalen Großmoleküle, deren spezifische Struktur sich mit keiner Analyse erfassen läßt.« (54)

Der Anbau der 12-Tage-Kräuter in Erde

Suchen Sie sich zunächst eine Pflanzenschale oder Kiste in der richtigen Größe. Wichtig für das Behältnis ist die Perforierung des Bodens (oder zumindest ein Loch), damit überschüssiges Gießwasser ablaufen kann. Kleine Portionen lassen sich in Wegwerfschalen vom Einkauf züchten. Für die große Familie lohnt sich eine Anpflanzschale aus Plastik vom Gärtner. Sie ist leicht und läßt sich gut sauberhalten. Solch eine einmalige Anschaffung lohnt sich.

- Die Samen der Wahl werden wie bei der Sprossenzucht eingeweicht.
- Große Behältnisse sollten Sie mit einer dünnen Schicht Zeitungspapier auslegen (die Druckerschwarze ist nicht mehr giftig).
- Die Erde wird im Verhältnis 1:1 mit Torf gemischt und gleichmäßig über die Zeitung ausgebreitet.
- Das glattgestrichene Erdbett (ca. fingerdick) wird mit dem Wäschesprenger gut durchfeuchtet. Vorsicht: Es sollten sich keine Lachen bilden.
- Die vorgeweichten Samen (s. Samenbiographie S. 75) werden sorgsam auf dem Erdbett verteilt. Sehr dicht, aber nicht übereinander.
- Die Pflanzschale wird in einen entsprechend großen durchlöcherten Plastiksack geschoben und verschlossen. Schneiden Sie in den oberen Bereich drei bis vier kleine Öffnungen für die Belüftung – und fertig ist das Tütentreibhaus. (Ideal für das erste Wachstum ist ein dunkler Sack.)
- Zur Feuchthaltung der Samen kann ein getränktes Tuch auf das Saatgut gelegt werden. Sie können es aber auch durch Gießen feuchthalten. Experimentieren Sie! Beobachtung ist der beste Ratgeber.
- Die Samen entwickeln sich unterschiedlich, gemäß ihrer Art. Halten Sie sie feucht und beobachten Sie die aufgehende Saat.
- Nach ca. 3 Tagen können die Pflanzen aus ihrem Treibhaus befreit werden. Ich entscheide von Fall zu Fall je nach der Außentemperatur und dem Entwicklungsstand.
- Grundregel: Wie bei der Sprosse werden auch beim Grünkraut Sauerstoff, Feuchtigkeit, Wärme und Licht gebraucht.

In der kühlen Jahreszeit kann ein

◀ *Wurzelmatte von Weizengras*

großer, transparenter Plastiksack über die ersten Tage hinaus für gleichmäßige Wärme und Schutz vor Luftzug dienen.

Der Anbau ohne Erde

Wer wenig Zeit hat oder die Erdarbeit zu aufwendig findet, kann Grünkraut auch auf Molton oder Fließpapier züchten. Jedoch gibt es bei diesen Methoden leichter Mißerfolge, da keine ausreichende Durchlüftung gewährleistet ist und der Untergrund leicht zu naß oder zu trocken sein kann.

Dr. Chiu Nan Lai von der University of Texas, System Cancer Center, benutzt für seine Therapien Weizengras aus der Hydrokultur. Er beschreibt seine neuen Erkenntnisse: »...die Eindämmung der Aktivität der Karzinogene ist ziemlich stark bei einer relativ geringen Menge an Saft. Die Verwendung des Hydrogerätes erlaubt, auch die Wurzeln für die Gewinnung des Saftes zu nutzen, was seinen Nährwert erhöht.« (38)
Das ist eine wichtige Nachricht für diejenigen, die Grünkraut im Hydrogerät züchten möchten und Bedenken wegen der fehlenden Inhaltsstoffe aus dem Erdreich haben.
Mit einem neuen Hydrogerät auf dem Markt erfüllt sich auf ideale Weise die Möglichkeit, Grünkraut ohne Erde wachsen zu lassen (Herstellernachweis siehe Anhang). Das Gerät besteht aus zwei übereinanderliegenden Schalen und einem transparenten Deckel in Form einer Rundkup-

Aufzucht des Grünkrauts im Bio-Snacky Hydro 12

pel, der sowohl einen großen Lichteinfall garantiert als auch eine entsprechend große Ablagerungsfläche für Kondenswasser. Im Deckel ist eine geschlitzte Öffnung, die es ermöglicht, die Pflanzen von oben zu gießen. Die untere dunkelgrüne Schale aus Acrylglas ist für das Wasser bestimmt, mit dem sich die Wurzeln versorgen. Die Einfärbung simuliert das Erdreich und schützt das Wasser vor den Folgen des Lichteinfalls bzw. vor der Erwärmung. Im Gerät herrscht ein idealer Kreislauf. Wasser verdunstet, kondensiert, tropft ab. Die Pflanzen können sich im feuchten Umraum mit Wasser versorgen und beziehen gleichzeitig durch die an den Seiten und im Deckel angebrachten Öffnungen Sauerstoff.

Nur freie Luftzirkulation ermöglicht dem keimenden Samen, seine Nahrungsenergie mit Hilfe des Stickstoffes aus der Luft umzuwandeln. Die dabei freiwerdenden Gase ziehen durch den perforierten Deckel ab. Schimmelbildung, die gerade bei den Getreiden von Natur aus leicht erfolgt, kann mit heißem Wasser fortgewaschen werden oder tritt erst gar nicht auf.
Das Material des Geräts ist spülmaschinenfest. Eine wichtige Voraussetzung, um die entsprechende Hygiene zu garantieren.
Das Acrylglas läßt Lichtstrahlen einfallen, die für die Chlorophyllbildung unabdingbar sind.
Das Design ist am Pflanzenwachstum orientiert.
Leider erfordert das Gerät mit nur einer Perforierungsgröße das Vorkeimen kleiner Samen, was mühsam und nachteilig für die Pflanzen ist. Ich bin dazu übergegangen, hauchdünnes Fließpapier zurechtzuschneiden und über die Perforierung zu legen, damit die eingeweichten Samen gleich mit ihrem Wachstum in ein und demselben Gerät beginnen können.

Entscheidend ist, daß durch die Zucht im Hydrogerät die Wurzeln der 12-Tage-Kräuter mitgegessen werden können. Die Wurzel gehört zur Ganzheit der Pflanze. Jeder, der sie nicht mitißt, beraubt sich wichtigster Ergänzungsstoffe, die in den Wurzeln angesiedelt sind.

Anleitung:

- Der Samen wird – außer bei Kresse und Leinsamen – vorgeweicht.
- Ein saugfähiges Papier wird zurechtgeschnitten und auf die Perforierung gelegt, wenn es sich um kleine Samen handelt.
- Die Samen werden auf dem Grund ausgebreitet – recht dicht, aber nicht übereinander. (Auf jeden Fall kann hier dichter gesät werden als in Erde.)
- Die Pflanzen täglich gießen und beobachten.
- Die Erntezeit ist je nach Samen verschieden (s. Samenbiographie).
- Das Gerät sollte mit Seife und kochendem Wasser oder aber in der Spülmaschine gereinigt werden, um eventuelle Bakterien fortzuspülen.

Besonders im Winter reguliert sich die Wasserversorgung im Hydrogerät innerhalb eines zirkulierenden Luft- und Feuchtigkeitsaustausches. Durch die Temperaturunterschiede zwischen innen und außen bildet sich Kondenswasser, das die Pflanzen auf natürliche Weise versorgt.

Erntegedanken

Wer zum ersten Mal in seinem Leben Grünkraut sät, wird der Ernte mit Vorfreude, aber auch mit Unruhe entgegensehen. Anders als bei Sprossen begegnen wir im Kraut dem Wesen der Pflanze. Ihr Wachstumsprozeß geht über das embryonale Stadium der Sprossen hinaus.
Sie konnten beobachten, wie sich die Pflanze aus ihren eigenen Bestandteilen nährt und wie sie wächst, d. h., wie sie sich erzeugt, vergrößert und das Sonnenlicht schluckt. Jetzt vor der Ernte breitet sich noch einmal das Wunder des Pflanzenwachstums vor uns aus, und zwischen Ahnen und Staunen können wir Bewegung aus sich selbst heraus erfahren.

Der Biologe und Nobelpreisträger Albert Szent-Györgyi sagt, daß das Maß, in dem der Mensch die Natur versteht und von ihren Kräften Gebrauch zu machen weiß, Voraussetzung ist für die Qualität und das Niveau des menschlichen Lebens. In der Oase des kleinen Zimmergartens können wir das Verhältnis Mensch – Natur fast wie in früheren Zeiten erleben.
Die Ernte bedeutet auch die Trennung vom grünen Kraut. Die Belehrung durch ihr Wachstum aber bleibt für immer wie ein Spiegel, in den wir täglich schauen. Lösen Sie die jungen Triebe vorsichtig vom Grund, und essen Sie sie möglichst mit der Wurzel. Beim Weizengrün kann die mattengleiche Verwurzelung trotz des holzigen Geschmacks mit ausgepreßt werden. Für die Ergänzung der Inhaltsstoffe und unsere Gesundheit ist es wichtig, die ganze Pflanze zu verzehren. Herb und abenteuerlich ist der erste Biß ins Kraut. Feurig lockt das Bittere. Faunisch verführt das fette Blatt der Sonnenblume. Frischer geerntet kommt nichts auf den Tisch.

Anmerkung:
Jedes Lagern verändert den Geruch und den Geschmack. Das Aufheben und Verwahren schmälert den »Wohlstand« der kleinen Pflanze: ihre Lebendigkeit. Zur Not können Sie, um das Wachstum zu steuern, das komplette Gerät in den Kühlschrank stellen.

Alles ist im Universum beseelt und lebend, alles Produkt einer allgemeinen Lebenskraft, und das Produzierende ist nie von seinem Produkte getrennt. *Plotin (204–270)*

Was tun bei Schimmel?

Zu dicht gesäte Samen, Nässe, Saatgut mit geringer Keimkraft oder infizierte Erde können zu Schimmel oder Mehltau führen. Um die Pflanzen widerstandsfähiger zu machen, kann entweder Heilerde zur Bindung eventueller Bakterien und zur Mineralisierung (oder Algenpulver Kelp) ins Wasser gestreut werden (1 TL auf 1 Liter Wasser).

Zur Vorbeugung:

- Die Samen vor dem Einweichen sorgfältig und gründlich mit abgekochtem, erkaltetem Wasser waschen.
- Die Samen während der Auskeimung beobachten. Nicht keimende Samen mit eventuell leichter Verfärbung sollten Sie sofort aussortieren.
- Überfeuchtung vermeiden. Nur mit abgekochtem oder gefiltertem Wasser gießen.
- Gute Luftzirkulation schaffen – doch keinen Durchzug.
- Die Temperatur sollte 21 Grad nicht überschreiten.
- Peinliche Sauberkeit.
- In den Wintermonaten kann mit einer elektrischen Beleuchtung (speziell für Pflanzen) fehlendes Licht ausgeglichen werden.
- Im Hydrogerät kommt es zu keiner Schimmelbildung, wenn vorhandene Sporen durch tägliches Spülen weggewaschen werden.

Sollte es trotz aller Sorgsamkeit zu Schimmel kommen, ist das kein Grund zur Resignation. Es gibt grundsätzlich kein steriles Saatgut. Bestimmte Bakterien und Pilze sind immer auf den Samen angesiedelt, genau wie auf der menschlichen Haut. Sie gelangen durch die Luft, den Regen oder das Erdreich in die Samenanlagen der Pflanzen. Auch später bei der Ernte, beim Transport oder bei der Bearbeitung kommen Samen mit Mikroorganismen in Berührung.
Mir ist es bei der Anzucht von Weizengras auf Tuch passiert, daß sich Schimmel bildete. Der Pilz zeigt sich in weißflockiger, wattiger Ansammlung. Er darf nicht mit den Haarwurzeln verwechselt werden. Wenn eindeutig Pilze in der Anzucht sind, heißt es: Wegwerfen! Möglichst in Plastiktüten. Diese Pilze können unsichtbare Mitbewohner werden, indem sie sich ständig einnisten. Nicht mutlos werden, das sind normale Gärtnersorgen in der Oase des Zimmergartens. Wo Licht ist, ist auch Schatten.
Die praktische Folgerung: Geräte auskochen und neu beginnen.

II

Samenbiographie

Schau alle Wirkenskraft und
Samen.
Johann Wolfgang von Goethe
(1749–1832)

Der Weg

Vor zehntausend Jahren setzte der Übergang vom Jäger und Sammler zur Hirten- und Ackerbaugesellschaft ein. Die Vielfalt unserer Kulturpflanzen entstammt einer Jahrtausende währenden Pflege. Anders als die Jäger und Sammler, die sich aus dem Naturgegebenen versorgten, ohne an den Bestand zu denken, gingen die Ackerbauern dazu über, beobachtend, planerisch die Natur zu erhalten, sie gleichzeitig zu entwickeln und zu nutzen. Aus Gräsern wurden unsere Getreidesorten und Hülsenfrüchte sowie Kräuter kultiviert. Sie sind das Ergebnis der fortwährenden Auseinandersetzung zwischen der Natur und ihren »Besitzern«. Die Pflanzenzucht, die Beherrschung der Natur, führte über Jahrtausende schleichend auch zu ihrer Technisierung.

Die Agrarrevolution vollendet sich. Das, was als Kampf gegen den Hunger in der Welt in unserem Jahrhundert begonnen hat, weitet sich aus zum Verlust der Artenvielfalt. Samen sind politische »Wesen« geworden. Allein die Ökonomie entscheidet über ihre Verbreitung. Immer weniger Pflanzensorten beherrschen weltweit die Landwirtschaft. Die traditionellen Landrassen sind in unaufhaltsamer Schnelligkeit verschwunden. (Teilweise sind sie noch in Genbanken eingelagert.) Das heißt, das Erbgut unserer Kulturpflanzen verarmt – es kommt zum Stillstand. Ein Same, der aus der Natur herausgenommen wird und sich mit den fortwährend verändernden Umweltbedingungen nicht mehr auseinandersetzen kann, ist trotz gewahrter Keimfähigkeit in den Genzentren später nur bedingt zur Zucht verwertbar. (6)

Mensch und Pflanze sind eine Lebensgemeinschaft. Wohin führt sie?

Phaeseolus angularis
Azuki-, Adukibohne
Rote Sojabohne

Geschichte

Seit Urzeiten wird die Adzukibohne in Japan, Korea, der Mandschurei und in China angebaut. Besonders in Japan gilt die kleine Bohne mit ihrem feinen pudrigen Mehl als Delikatesse. Sie wird zu köstlichen Kuchenfüllungen und zu Süßspeisen verarbeitet.
Bei besonderen Festlichkeiten

Adzukibohne

oder zum Geburtstag des Kaisers wurden Kuchen aus Adzukimehl gebacken.
Heute wird sie als Basis für Speiseeeis genutzt.

In Griechenland gab es im Altertum zu Ehren Apolls einmal im Monat das Bohnenfest »Pyanopsion«. Dazu wurde am siebten Tag jeden Monat eine deftige, herzhafte Bohnenspeise gekocht. Ansonsten galten Bohnen den Griechen als etwas »außerordentlich Gewöhnliches«.
Für ägyptische Priester gab es sogar ein Speisetabu für Bohnen. Sie waren allein den Toten vorbehalten. Hinzu kam die Vorstellung, daß die Seelen nach dem Verlassen des Körpers zu Bohnen werden. Im Glauben, daß nun die Bohnen auch Menschen sein können, fürchteten sich die Ägypter, Bohnen zu essen.

Charakteristika

Die Adzukibohne gehört in die Familie der Schmetterlingsblütler. Sie ist die zierliche asiatische Schwester der prächtigen roten Feuerbohne aus Südamerika und wurde schon vor 9000 Jahren angebaut. Die Adzukibohne bringt in der Zucht geringe Hektarerträge. Das rechtfertigt ihren relativ hohen Preis.

Medizinische Wirkung

Oshawa, der bekannte japanische Ernährungsfachmann, der in Amerika die Makrobiotik bekannt gemacht hat, verordnete die Adzukibohne zur Stärkung schwachen Bindegewebes und bei Nierenkrankheiten.

Inhaltsstoffe

Samen
- 25 % Protein, reich an Lysin, alle essentiellen Aminosäuren außer Tryptophan
- Vitamine: B_1, B_2, Niacin
- Mineralien: Magnesium, Phosphor, Kalium, reich an Eisen und Kalzium
- Enzyme und Hormone

Vom Samen zur Sprosse

- Keimmethode: im Glas oder im Bio-Snacky
- Einweichzeit: 18 Stunden
- Temperatur: möglichst kühl, ca. 18 Grad
- Spülen und Wässern: 2–3mal täglich
- Ernte: nach ca. 4 Tagen
- Ertrag: ½ Tasse Samen ergibt 2 Tassen Sprossen.

Wandlung und Steigerung der Inhaltsstoffe

Während des Keimens werden alle Inhaltsstoffe im Enzymprozeß gewandelt. Vitamine und Hormone vermehren sich oder bilden sich neu. Komplexe organische Verbindungen werden in eine leichter aufnehmbare Form umgewandelt.

Anmerkungen für den Sprossengärtner

Die Adzukibohne verändert während der Keimung ihre rote Farbe in rostiges Braun. Sie entwickelt sich langsam und sollte kräftig gespült werden.

Wachstumszyklus bis zur Ernte

Trigonella foenum graecum
Griechisches Heu
Kuhhornklee
Ziegenhorn
Fenugräk

Geschichte

Eine Verbeugung vor Karl dem Großen: Im Jahre 800 veranlaßte er den Anbau ausländischer Pflanzen. Foenum graecum, das griechische Heu, gehörte zu den auserwählten und wurde als Futtermittel und später als Heilkraut angebaut. Durch Karl den Großen entstanden die ersten Kloster- und Wirtschaftsgärten in unserem Land. Die Erfahrungen vorchristlicher Ärzte und Botaniker – vor allem der griechischen – konnten nun nachvollzogen und genutzt werden.

In Indien, dem Ursprungsland des Bockshornklees, wird die Pflanze, nachdem sie etwa ellenlang gewachsen ist, als Gemüse gedünstet gegessen. Der Bockshornkleesamen stellt die Grundsubstanz für die Curry-Würze.

Charakteristika

Bockshornklee gehört zur Familie der Schmetterlingsblütler. Mit seinen weißlich-gelben Blüten erinnert er vom Aussehen her an unseren Klee. Ausgewachsen trägt der Bockshornklee schnabelförmige Schoten. Diese Schoten sitzen so dicht nebeneinander, daß sie einem Bockshorn gleichen. So entstand der Name.

Medizinische Wirkung

Bockshornkleesamen, zu Pulver gerieben und mit Wasser vermischt getrunken, wirkt dem Volksmund nach schmerzlindernd, harntreibend und hilfreich gegen Blähungen und Verstopfungen. In der Ayurveda, der indischen Heilkunst, ist Bockshornklee ein empfohlenes Aphrodisiakum.
Wie alle Pflanzen mit Bitterstoffen, ätherischen Ölen und Scharfstoffen hat der Bockshornklee eine reinigende Wirkung auf Leber, Nieren und infizierte Schleimhäute. Seine Heilwirkung bei Diabetes ist heute medizinisch anerkannt.
Insgesamt hilft Bockshornklee bei allgemeiner Abwehrschwäche und wenn die natürliche Anregung der Körperfunktionen unterstützt werden soll, um eine Besserung des Allgemeinbefindens zu erzielen.

Inhaltsstoffe

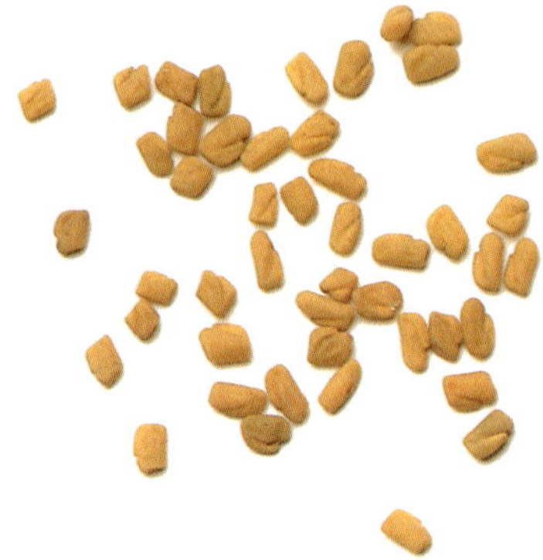

Samen
- 29% Protein
- 6% Öl
- Vitamine: B_1 B_2, Niacin, Panthotensäure, A, D
- Mineralien: extrem reich an Eisen und Phosphor. Saponin, Cholin, Aromastoffen, Enzymen und Hormonen

Wachstumszyklus bis zur Ernte

Vom Samen zur Sprosse

- Keimmethode: Glas, Bio-Snacky
- Einweichzeit: 8 Stunden
- Temperatur: 18 – 21 Grad
- Spülen und Wässern: 2mal täglich
- Ernte: nach ca. 2 Tagen
- Ertrag: ¼ Tasse Samen ergibt 1 Tasse Sprossen

Wandlung und Steigerung der Inhaltsstoffe

Der Proteingehalt beträgt 27%. Die Proteine, welche alle essentiellen Aminosäuren enthalten, werden im Laufe der Keimung in einzelne Aminosäuren, ihre Bausteine, gespalten. Vitamine und Hormone vermehren sich oder bilden sich neu.

Anmerkungen für den Sprossengärtner

Bockshornkleesamen sind herb. Ihr intensiver Geschmack kann bei einer Überkeimung äußerst bitter werden. Innerhalb der Keimung gibt der Samen ein wenig Schleim ab.

Vom Samen zum Bockshornkleegrün

- Anbaumethode: in Erde oder im Hydrogerät
- Einweichzeit: 9 Stunden in viel Einweichwasser
- Temperatur: ca. 20 Grad
- Besprenkeln: 2–3mal täglich
- Ernte: nach ca. 8 Tagen
- Ertrag: 2 EL Samen im Hydrogerät (20 cm Ø) ergeben 2 Tassen Grün

Das sind solche Sachen, die Natur ist voll davon, und niemand kann sie erklären.

Hermann Hesse (1877–1962)

Wandlung und Steigerung der Inhaltsstoffe

Während der Chlorophyllbildung kommt es zur Aufwertung der Nährstoffe und zum Aufbau organischer Substanzen mit hochwertigen Eiweißverbindungen. Die ätherischen Öle und Bitterstoffe steigern ihre medizinisch nutzbare Wirkung.

Anmerkungen für den Grünkrautgärtner

Im Hydrobehälter schießen die Wurzeln erst einmal in die Höhe. Darum ist es besonders wichtig, den Bockshornklee in den ersten Tagen des Wachstums feucht zu halten, bis sich die Wurzeln nach unten ausgerichtet haben. Das Bitterkraut wächst problemlos. Bei der Ernte tragen die grünen Blättchen ihre braungelben Samenhülsen auf dem Kopf.
Ein Umschlag aus Bockshornkleeblättern hat eine kühlende Wirkung bei Schwellungen und Insektenstichen.

Die Wachstumsphasen des Bockshornklees

Fragopyrum esculentum
Franzweizen, Haden, Heidel, Heiden, Heidekorn, Heidegrütze, Türkenkorn, Heidewegtritt

Geschichte

Durch die Feldzüge der Tataren und Türken gelangte der Buchweizen im 15. Jahrhundert auf dem Seeweg nach Mitteleuropa. Er ist anspruchslos und wächst selbst auf mageren Heide- und Moorböden. Allerdings ist er frostempfindlich.

Der Buchweizen wurde durch den Weizen verdrängt und wird heute nur noch vereinzelt in Norddeutschland, in Rußland, Asien und Afrika kultiviert.

Charakteristika

Buchweizen gehört nicht zu den Getreiden, sondern zu den Knöterichgewächsen. Nach einer kurzen Vegetationszeit von ca. 10 Wochen ist er mit weißen Blüten übersät und lockt die Bienen an, die die Blütenpollen in einen dunklen, sehr nahrhaften Honig umwandeln. Die kleinen dreieckigen Früchte des Buchweizens glänzen silbergrau und erinnern in ihrer Gestalt an Bucheckern. Wegen seiner natürlichen Widerstandskraft gegen Mehltau wird Buchweizen selbst bei industrieller Anzucht selten mit Pestiziden behandelt.

Medizinische Wirkung

Buchweizen als Getreide gegessen wärmt und baut auf. Empfindlichen Verdauungsorganen kommt sein Schleimanteil zugute. Im Buchweizengrün wirken das hochwertige Rutin und Lecithin. Das Rutin wird bei Gefäßerkrankungen angewandt. Ferner verhindert es die Zerstörung von Vitamin C durch Sauerstoff im Körper, so daß es vielfach auch in Vitamin-Tabletten zu finden ist.

Inhaltsstoffe

Samen
- 12% Protein
- 2,7% Fett
- Hoher Lysinanteil (essentielles Protein), fast doppelt soviel wie in Getreide
- Rutin, Niacin
- Vitamine: B_1, B_2, Niacin, E
- Mineralien: Phosphor, Kalium, Kalzium, Kupfer, Magnesium, Eisen, Fluor, Natrium
- Enzyme und Hormone

Vom Samen zum Buchweizengrün

- Anbaumethode: in Erde oder im Hydrogerät
- Einweichzeit: 16 Stunden
- Temperatur: ca. 20 Grad
- Besprenkeln: mindestens 2mal täglich
- Ernte: ab dem 12. Tag
- Ertrag: bei einem Tablett von 33 x 20 cm ergibt eine Tasse Samen 4 Tassen Kraut, im Hydrogerät (20 cm Ø) ergeben 3 EL Samen 1½ bis 2 Tassen grünes Kraut

Wandlung und Steigerung der Inhaltsstoffe

Während der Chlorophyllbildung kommt es zur generellen Aufwertung der Inhaltsstoffe, zum Aufbau von hochwertigem Eiweiß und zum Anstieg der Wachstumshormone (Auxone, Auxine). Mit der Grünung wird Sonnenlicht im Blatt gespeichert, das bedeutet den Gewinn von Energie und Kraft.

Die Wachstumsphasen des Buchweizens

Anmerkungen für den Grünkrautgärtner

Buchweizengrün gedeiht im Sommer hervorragend im Hydrogerät, während im Winter die Anzucht mit Erde zu besseren Ergebnissen führt.

Buchweizensamen haben harte Hülsen. Sie sind nicht leicht zu knacken. Ihre erste Auskeimung kann zwei bis drei Tage dauern, und der Samen muß in dieser Zeit gut mit Feuchtigkeit versorgt werden.

Beim Buchweizengrün entwickeln sich die Pflanzen unterschiedlich. Nach spätestens 14 Tagen aber steht er da, auf puderfarbenen Stielen mit kleinen Blättern von stoffähnlicher Prägung.
Wer den Rutingehalt des Grüns steigern möchte (er steigt proportional zur Größe des Blattes an), kann den Buchweizen vorzugsweise in Erde drei bis vier Wochen wachsen lassen, um dann den Saft herauszupressen und als heilsamen Trunk zu sich zu nehmen.

Geschälter Buchweizen kann zu Sprossen gezüchtet werden. Wem entsprechendes Saatgut zugänglich ist, dem empfehle ich, den Buchweizensamen ohne Vorweichen direkt auf feuchtes Papier oder im Bio-Snacky auszusäen. Der Samen gibt innerhalb der Keimung einen leichten Schleim ab. Er benötigt sehr wenig Wasser und wird nach zwei Tagen geerntet.

Pisum sativum

Geschichte

Auf den Spuren der Erbse verfolgen wir die Frühgeschichte des Menschen bis in die Steinzeit und die anschließende Eisenzeit.

Aus der Urerbse »pisum arvense«, dem kletternden Strauch, entwickelten sich viele Erbsenspielarten und – wie könnte es anders sein – die verschiedensten Erbsengerichte. Aus griechischer Überlieferung sind die heißen Erbsensuppen bekannt – sie wa-

ren hoch geschätzt und wurden in Garküchen an der Straße angeboten und gegessen.
Die beliebte Erbse wurde, so beweisen es archäologische Funde, in den Pithos, wie sie aus Kreta bekannt sind, verwahrt.
Horaz läßt uns wissen: »Erbsen sind ein unentbehrlicher Posten auf dem Küchenzettel des kleinen Mannes.« Er war es, der das »frugale Mahl« erfand, das aus Erbsen, Linsen und Lauch gekocht wurde.

Viel später – 1669 – kommt es mit dem Auftauchen der Schotenerbse in Frankreich zu einer lukullischen Revolution. Madame de Maintenon schreibt in einem Brief: »Das Kapitel Erbsen dauert an. Die Ungeduld, davon zu essen, das Vergnügen, davon gegessen zu haben, und die Freude, weiterhin davon zu essen, sind die wichtigsten Themen, von denen unsere Fürsten seit Tagen sprechen.«

Charakteristika

Die Erbse gehört zur Familie der Schmetterlingsblütler. Entsprechend ihrer Artenvielfalt weisen die Hülsenfrüchte eine Farbskala von Gelb, Weiß, Beige zu Oliv und Lindgrün auf.

Medizinische Wirkung

Galenos, zweihundert Jahre nach Christi Geburt, beschreibt die Erbse als »unliebliche Speise der Armen«. Doch ist er dem Erbsenpflaster geneigt und hält es für eine wirksame Auflage bei Entzündungen der Brust.

Inhaltsstoffe

Samen

- 25% Protein, mit allen acht essentiellen Aminosäuren
- Vitamine: A, B_1, B_2, B_6, C
- Mineralien: Kalzium, Phosphor, Magnesium, Kupfer, Mangan, Zink, Eisen, Silizium, Kalium, Schwefel, Natrium.
- Enzyme und Hormone

Wachstumszyklus bis zur Ernte

Vom Samen zur Sprosse

- Keimmethode: im Glas oder im Bio-Snacky
- Einweichzeit: 12 Stunden
- Temperatur: 18–21 Grad
- Spülen und Wässern: 2mal täglich mit kaltem Wasser
- Ernte: nach ca. 3 Tagen
- Ertrag: 1½ Tassen Samen ergeben 2 Tassen Sprossen

Wandlung und Steigerung der Inhaltsstoffe

Während des Keimens werden alle Inhaltsstoffe im Enzymprozeß gewandelt und multipliziert. Vitamine und Hormone vermehren sich nicht nur, sondern bilden sich auch neu. Komplexe organische Verbindungen werden in eine leichter aufnehmbare Form umgewandelt.

Anmerkungen für den Sprossengärtner

Beim Abbau der Nahrungsreserven entstehen während der Keimung Gase. Die Erbsensprosse muß besonders im Sommer gut gespült werden, eine gute Sauerstoffzufuhr sollte garantiert sein.

Hordeum vulgare
Hordeum distichum

Geschichte

Die Gerste ist ein sehr altes Getreide.
Schon 3000 Jahre vor Christus spielte sie neben Reis eine entscheidende Rolle bei der Entwicklung des Ackerbaus im Westen des indischen Subkontinents. In den vedischen Schriften gehören Gerste und Reis zu den »unsterblichen Söhnen des Himmels«.
Im antiken Griechenland gilt Gerste als heilig. Sie findet größte Verehrung im Kult der Urmutter Demeter. Jährlich wurden in Eleusis die ehrfurchtgebietenden religiösen Zeremonien gefeiert und deuteten den Menschen, sich des Lebens zu freuen, ohne den Tod zu fürchten. Die Gerste war der Träger der Mysterien. (50)
Homer besingt in der Ilias das Gerstenkorn.
Die Gladiatoren, so preist er das Korn, beziehen »das Mark der Männlichkeit« aus der Getreidefrucht. Unter den Anhängern des Mathematikers und Philosophen Pythagoras ist die Gerste empfohlene Speise. Es heißt, daß Gerste besondere Wachheit und Aktivität im Denken bewirkt.
Die Römer nannten sie »das Hauptkorn der Germanen«.

Das widerstandsfähige Getreide verbindet die europäischen und asiatischen Kulturen. Die Anpassungsfähigkeit an die unterschiedlichsten Klimazonen gab der Gerste vielfältig Gestalt. In der Küche galt sie als Grundstock der Getreidebreie und wurde erst mit der Erfindung des Brotbackens vom Weizen abgelöst, da sie einen geringeren Kleberanteil liefert.
Aus sumerischen Texten ist bekannt geworden, daß Gerstensprossen hauptsächlich zu Bier vergoren wurden. Fast die Hälfte der Ernte ging in die Bierbrauerei, denn im ägyptischen Staat wurden, je nach Höhe der Position, Beamte täglich mit einem, zwei oder mehreren Litern des begehrten Getränkes entlohnt.
Bleibt noch, die Tsamba zu nennen – ein Gerstengericht der tibetanischen Hirten. Es wird heute wie seit Jahrtausenden aus einer Mischung von Gerstenmehl, Yakbutter und schwarzem Tee bereitet.

Charakteristika

Die Gerste mit ihren zweizeiligen Blättern zählt zur Familie der Süßgräser. Sie ist das widerstands-

fähigste Getreide in bezug auf ihre Klimaanpassungsfähigkeit. Gerste zeichnet sich durch eine kurze Vegetationszeit und einen geringen Feuchtigkeitsbedarf aus.

Medizinische Wirkung

Gerste hat große aufbauende und heilende Qualitäten. Ihre leichte Verdaulichkeit macht sie zur lindernden und heilenden Krankenkost. Gerstensud ist in den angelsächsischen Ländern ein Volksheilmittel und hilft bei Blasen- und Nierenbeschwerden. Der Sud gilt auch als sanftes Abführmittel. Die heute weit verbreitete Bindegewebsschwäche, die zu Haltungsschäden und Bandscheibendegeneration führt, kann durch die »formenden Kräfte« von Gerstennahrung gebessert oder verhütet werden.

Inhaltsstoffe

Samen

- 10% Protein
- 2,1% Fett
- 72% Kohlehydrate
- Vitamine: B_1, B_2, Niacin, B_6, C, reichlich E, Karotin, Biotin, Inosit
- Mineralien: Kalium, Natrium, Kalzium, Magnesium, Phosphor, Eisen, Mangan, Kupfer, Kobalt, Zink, Jod, Schwefel, Chlor, Silizium

Wandlung und Steigerung der Inhaltsstoffe

Während des Keimens werden alle Inhaltsstoffe im Enzymprozeß gewandelt und multipliziert. Vitamine und Hormone vermehren sich nicht nur, sondern bilden sich auch neu. Komplexe organische Verbindungen werden in eine leichter aufnehmbare Form umgewandelt.

Anmerkungen für den Sprossengärtner

Die Gerstensprosse hat eine einzigartige Süße, die auch als pflanzlicher Honig bezeichnet wird.
Die Gerste sollte nicht zu feucht gehalten werden, um optimal zu gedeihen. Gerste kann auch zu Gerstengrün gezüchtet werden, das geschieht auf dieselbe Art wie beim Weizen.
Das Grün läßt sich zum hochwirksamen Saft pressen und wird

im Kapitel über die Wirkung des Chlorophylls beschrieben. Jacobus Theodorus erwähnte schon 1731 in seinem Kräuterbuch einen Gerstengrassaft. Er wurde gegen Bauchweh und schlechten Atem verabreicht. (58)

Auch Hafer kann entsprechend den Anweisungen für die Gerste zu Sprossen und Grünkraut gezüchtet werden. Der Vitamin-B_2-Gehalt im Hafer steigt während der Keimung um 1300 Prozent. Sobald sich die ersten grünen Blättchen gebildet haben ist der B_2-Gehalt um 2000 Prozent gestiegen. Die folgende Tabelle (nach Burgholder) veranschaulicht die Steigerung des Vitamin-B-Komplexes in Hafersprossen, verglichen mit ihrem Samen:

Vitamin B_1	*plus 500%*
Vitamin B_2	*plus 1350%*
Niacin	*plus 500%*
Panthotensäure	*plus 200%*
Vitamin B_6	*plus 500%*
Folsäure (B_C)	*plus 600%*

Die Studie von Burgholder bezieht sich auf eine Keimung nach fünf Tagen. (59)

Vom Samen zur Sprosse

- Keimmethode: im Glas oder Bio-Snacky
- Einweichzeit: 6 Stunden
- Temperatur: 18–21 Grad
- Spülen und Wässern: 2mal täglich
- Ernte: nach ca. 3 Tagen
- Ertrag: 1 Tasse Samen ergibt 2 Tassen Sprossen

Panicum miliaceum
Rispenhirse

Geschichte

Dieses winzigkleine Getreidekorn ist das Urgetreide und wuchs in großer Vielfalt als Wildgras über die ganze Erde verstreut. Europäische Funde verweisen auf seine Existenz in der Stein- und Bronzezeit. Das prähistorische Korn gilt mit Lein als älteste Kulturpflanze und ist umrankt von Märchen und Mythen.

Sheng Nung, der frühe chinesische Kaiser, zählt die Kolben- und Mohrenhirse zu den fünf heiligen Früchten neben Reis, Weizen und Sojabohnen.

Den Griechen und Römern, so läßt der Name panicum miliaceum erkennen, galt sie als Brot – als Urspeise schlechthin.

In Mitteleuropa wurde Hirse als Symbol für Fleiß und Fruchtbarkeit angesehen. Der Braut wurden Hirsekörner in die Schuhe gestreut oder sie wurde während des Festes damit überschüttet. Im Märchen wohnt Holda, die Göttin der Liebe, auf dem Hirseberg.

Interessant ist eine alte Konservierungsmethode. Früchte oder Fleisch wurden in Leinen geschlagen und in eine Anhäufung von Hirsekörnern gelegt. Das überaus feste Korn ist trocken und zieht keine Feuchtigkeit an. Es ist zu vermuten, daß der hohe Kieselsäureanteil (wie auch im Ton) diese konservierende Wirkung ermöglicht. (49)

Charakteristika

Die Hirse gehört zur Familie der Süßgräser. Die sonnengelben kleinen Kugeln wachsen entweder in der Rispenform oder als Kolben. Die Hirse bevorzugt sandigen, mineralstoffhaltigen Boden und heißt daher auch »Weizen des Sandes«. Sie braucht sehr viel Wärme, um sich in ihrer kurzen Vegetationszeit von ca. 100 Tagen gut zu entwickeln.

Medizinische Wirkung

Schon Plinius bezeichnet die Hirse als das wertvollste aller Getreide. Auch heute bescheinigen Ernährungswissenschaftler der mineralstoffreichen Hirse mit ihrem hohen Fluorgehalt größte Wirksamkeit. Eine Kost mit Hirse verbessert die Sehkraft und ist

ein unübertroffenes Heilmittel bei Hauterkrankungen, besonders bei den zunehmenden Allergiekrankheiten.
Als einziges Getreide ist Hirse alkalisch, und das wirkt sich günstig auf den Kalziumgehalt des Gewebes aus.
Hirse ist wegen der leichten Bekömmlichkeit eine sehr gute Getreidefrucht für ältere Menschen. Mit ihren B-Vitaminen und dem hohen Cholingehalt hält sie das Cholesterin unter Kontrolle und damit die Bildung von Gallensteinen und Arterienerkrankungen. Hirse ist reicher an Vitaminen und Mineralien als jedes andere Getreide – ausgenommen Hafer.

Vom Samen zur Sprosse

- Keimmethode: im Glas
- Einweichzeit: 12 Stunden
- Temperatur: 20 Grad
- Spülen und Wässern: 2mal täglich
- Ernte: nach ca. 3 Tagen
- Ertrag: 1 Tasse Samen ergibt knapp 2 Tassen Sprossen

Inhaltsstoffe

Samen

- 10,6% Protein mit acht essentiellen Aminosäuren

Wachstumszyklus bis zur Ernte

- 3,9% Fett
- 71% Kohlehydrate
- Vitamine: A (hochdosiert), der B-Komlex (besonders B_2)
- Mineralien: hoher Phosphorgehalt, Eisen, Fluor, Schwefel, Magnesium, Kalzium, Kalium, Natrium, Kupfer, Kieselsäure
- Lecithin
- Enzyme und Hormone

Umwandlung und Steigerung der Inhaltsstoffe

Während des Keimens werden alle Inhaltsstoffe im Enzymprozeß gewandelt und multipliziert. Vitamine und Hormone vermehren sich nicht nur, sondern bilden sich auch neu. Komplexe organische Verbindungen werden in eine leichter aufnehmbare Form umgewandelt.

Anmerkungen für den Sprossengärtner

Das Hirsekorn für die Sprossenzucht muß ungeschält sein. Die Hirse sollte ausschließlich im Glas gezüchtet werden, da die kleinen Samen die Schlitze des Wassersystems im Bio-Snacky leicht verstopfen könnten.

Geschichte

Die Kichererbse stammt aus Indien. Nach wie vor wird Gram, so ihr indischer Name, dort täglich in vielerlei Gerichten gegessen. Sie ist mit ihrem hohen Proteingehalt von 20% eine wichtige Ergänzung zum Reis.
Der älteste Fund der Kichererbse in Europa führt ans Mittelmeer, in die Türkei. Mit Hilfe der Radiokarbonmethode wurden die Funde auf 5400 v. Chr. datiert.
Die Griechen des Altertums gaben der kräftigenden, sättigenden Hülsenfrucht den Beinamen arietum. Das »Kichererbsenantlitz« erinnerte sie an einen Widderkopf, daher aries. Zur Vollendung des Namens cicer arietinum sei auch cicer erklärt: Die Nase des Marcus Tulius Cicero, eines römischen Feldherrn, soll die Griechen ebenfalls an ihre Erbsenfrucht erinnert haben.

Charaktcristika

Die Kichererbse ist ein Schmetterlingsblütler. Der sandfarbene Samen verträgt extreme Trockenheit und behält seine Keimfähigkeit länger als andere Samen.

Medizinische Wirkung

Hier noch einmal die Erinnerung an den Widderkopf. In der Signaturenlehre gilt die Kichererbse aufgrund ihrer Ähnlichkeit mit dem potenten Tier als ein starkes Aphrodisiakum.
In der indischen Heilkunst, der Ayurveda (*ayu:* Leben, *veda:* Wissen, Sanskrit), werden gegen Krebs Breiumschläge auf der Basis von Kichererbsenmehl und Honig verwendet.

Inhaltsstoffe

Samen
- 18–25% Protein
- hoher Anteil an essentiellen Aminosäuren, besonders Lysin (10%) und Threonin (5%)
- 4,5% Fett
- Vitamine: B_1, B_2, Niacin, C, D, E, viel A
- Mineralien: Eisen, Phosphor, Zink, Mangan, Kalium, Kalzium, Magnesium
- Enzyme und Hormone

Vom Samen zur Sprosse

- Keimmethode: im Glas oder im Bio-Snacky
- Einweichzeit: 18 Stunden

Wachstumszyklus bis zur Ernte

- Temperatur: 18 Grad, nicht höher
- Spülen und Wässern: 2–3mal täglich
- Ernte: ab dem 3. Tag
- Ertrag: 1 Tasse Samen ergibt 3 Tassen Sprossen

Wandlung und Steigerung der Inhaltsstoffe

Während des Keimens werden alle Inhaltsstoffe im Enzymprozeß gewandelt und multipliziert. Vitamine und Hormone vermehren sich nicht nur, sondern bilden sich auch neu. Besonders die Vitamine A und C vergrößern ihre Anteile um ein Vielfaches. Aus einer indischen Studie geht hervor, daß gesprossene Kichererbsen geeignet sind, in Hungerregionen dem Vitamin-C-Mangel vorzubeugen. (59)

Anmerkungen für den Sprossengärtner

Für die Anzucht im Bio-Snacky empfehle ich, die Kichererbsen vorher einzuweichen. Während der Einweichzeit sollte das Wasser zweimal erneuert werden. Die dicke, stärkehaltige Frucht entwickelt in der Aufsaug- und Stoffwechselphase Gase, die weggespült werden sollten. Überzüchtete Kichererbsen schmecken bitter.

Lepidum sativum
Bitterkraut
Kersche

Geschichte

Nichts wächst schneller als die Kresse. Ihr Name wurde aus dem Lateinischen crescere entlehnt und verweist auf ihre hervorstechendste Eigenschaft – das Wachstum.
Wegen des mühelosen Anbaus wurde ihre Kultivierung schon sehr früh betrieben – im Gegensatz zu anderen Heilkräutern, die nur aus der Natur geerntet wurden. Das Ursprungsland der Kresse ist Persien. Auch in Syrien gibt es Spuren ihres früheren Anbaus. Sie wurde in den sogenannten Krautlisten geführt. Es liegt nahe, daß sie von Syrien über Ägypten ihren Weg nach Griechenland fand. Theophrast erwähnt Kresse in der Beschreibung griechischer Gärten, und Hippokrates verordnet sie als Heilmittel zur Reinigung des Körpers und zur Vorbeugung.

Die römische Brunnenkresse (Nasturtium officinale) wurde, im Unterschied zur Gartenkresse, nicht kulturmäßig angebaut, galt aber ebenso als hervorragendes Heilmittel.

Charakteristika

Kresse zählt zur Familie der Kreuzblütler. Ihre Samen bilden einen starken Schleim, wenn sie mit Feuchtigkeit in Berührung kommen.

Medizinische Wirkung

Die Bitterstoffe und Aromastoffe (Senföle) nehmen Einfluß auf Stoffwechsel und Nierentätigkeit. Die reinigende Wirkung der Kresse wurde seit alten Zeiten in Frühjahrskuren genutzt. Der hohe Vitamin-C-Gehalt macht Kresse auch heute zum unverzichtbaren Bestandteil der Winterküche. Sie ist die beste Vorbeugung gegen Infektionen.

Inhaltsstoffe

Samen

- bis zu 60 % Senföl
- etwas Protein
- einige Kohlehydrate
- Vitamine: A, B_1, B_2, Niacin, viel C und D
- Mineralien: Kalium, Kalzium, Jod, Eisen, Phosphor
- Enzyme und Hormone

Vom Samen zum Kressekraut

- Keimmethode: im Hydrogerät mit Papiereinlage oder auf einem feuchten Tuch
- Einweichzeit: keine
- Temperatur: 21 Grad
- Besprenkeln: 2mal täglich
- Ernte: nach ca. 6 Tagen
- Ertrag: aus 2 EL Samen wachsen im Hydrogerät (ca. 20 cm Ø) 1½ Tassen Grünkraut

Wandlung und Steigerung der Inhaltsstoffe

Während der Chlorophyllbildung kommt es zur Aufwertung der Vitalstoffe, zum Aufbau organischer Substanz mit hochwertigen Eiweißverbindungen. Die ätherischen Öle steigern ihre pharmakologische Wirkung.

Anmerkungen für den Zimmergärtner

Wie die Mungbohne den Einstieg für den Sprossengärtner bildet, so ist die Kresse die Fingerübung für den Grünkrautgärtner, denn sie wächst sehr einfach. Die Samen werden auf eine gefeuchtete Unterlage gestreut, doch da sie im Wasser quellen, sollten sie nicht zu dicht eingesät werden. Jeder wird im Vergleich mit dem Angebot aus dem Supermarkt die spürbare Geschmacks- und Qualitätsverbesserung der selbstgezogenen Kresse feststellen.

Die Wachstumsphasen der Kresse

Curcubita pepo
Kerbs
Rundgurke
Kerwes
Plutzer

Geschichte

Die wäßrigen Riesenfrüchte sind in 90 verschiedenen Gattungen und 750 Unterarten aufgeteilt. Fast überall auf der Erde wachsen Kürbisse. 7000 Jahre v. Chr., so ergaben Funde, war der Kürbis bereits in Mexiko vorhanden, und in altindischen Texten werden schon um 3000 v. Chr. Kalebassen und Kürbisarten erwähnt. Aus ägyptischen Gräbern wurden Flaschen und Schalen aus Kürbis als Behältnisse für Öle und Essenzen geborgen.
Theophrast und auch Plinius berichten über die verschiedensten Kürbissorten in der Küche des Mittelmeeres. Und Julius Moderatus Columella verrät, daß es lediglich eine Frage der entsprechenden Auswahl der Samen aus einem speziell gewählten Teil des Kürbisses ist, um entweder Vorratsgefäße oder zum anderen Früchte als Nahrung wachsen zu lassen. Für die Speisesorte, sagte er, wird ein Samen vom Hals des Flaschenkürbisses gewählt und senkrecht nach oben eingepflanzt, um die Pflanze zum Längenwachstum zu treiben. Sollen Kürbisse zu Vorratsgefäßen wachsen, so wird der Samen aus der Mitte des Leibes entnommen. (10)
In Afrika gab es Funde aus dem Altertum von extrem großen Kürbisfrüchten. Sie hatten einen Durchmesser von nahezu 80 Zentimetern und galten als wichtige Flüssigkeitslieferanten.
Den Chinesen war von alters her die Kürbisform Vorbild für Gefäße aus Ton, Jade und Silber. Noch heute ist der pralle Kürbis das Zeichen für Fruchtbarkeit und Gesundheit und wird »Kaiser des Gartens« genannt.

Charakteristika

Melonen und Gurken gehören zu der Gruppe der Cucumis und sind neben dem Kürbis die bekanntesten Arten dieser Gattung. Die Kürbisfrucht streckt sich von 10 Zentimetern bis zu einem halben Meter Durchmesser, und die Ranken können sechs Meter lang wachsen. Die Skala der Farben reicht von mattem Weiß zu gescheckten Grüntönen, die ein Muster bilden; vom milchigen Korallenrot bis zum leuchtenden Blaurot. Die Oberfläche der Früchte kann die Glätte feinen Holzes aufweisen oder ein abweisend rauhes Netzwerk bilden.

Medizinische Wirkung

Die Kraft der Kürbiskerne, so sagt eine alte Volksweisheit, liegt

in ihrem hochwertigen Öl. Es wirkt bei Blasen- und Nierenleiden und verjüngt den Körper. Der Zinkgehalt im Kern stützt die Funktion der Prostatadrüse. Regelmäßig eingenommen wirken die Kerne wohltuend auf das Augenlicht und verstärken die Widerstandsfähigkeit gegen Infekte. Der Kürbiskern regt die Verdauung an und sorgt für eine bessere Verwertung der Nährstoffe.

Inhaltsstoffe

Samen

- 35% Protein
- 50% Fett (reich an ungesättigten Fettsäuren)
- Vitamine: E, Linolsäure, viel A, B-Vitamine
- Mineralien: Phosphor, Magnesium, viel Zink und Eisen (11,2 mg auf 100 g Samen)
- Enzyme und Hormone

Vom Samen zur Sprosse

- Keimmethode: im Hydrogerät oder Glas
- Einweichzeit: ca. 12 Stunden
- Temperatur: ca. 18 Grad
- Spülen und Wässern: 2–3mal täglich
- Ernte: nach 3 Tagen
- Ertrag: 1 Tasse Kerne ergibt 2 Tassen Sprossen

Wandlung und Steigerung der Inhaltsstoffe

Während des Keimens werden alle Inhaltsstoffe im Enzymprozeß gewandelt und multipliziert. Vitamine und Hormone vermehren sich nicht nur, sie bilden sich auch neu. Komplexe organische Verbindungen werden in eine leichter aufnehmbare Form umgewandelt.

Anmerkungen für den Sprossengärtner

Kürbiskerne dürfen nicht überzüchtet werden. Nach drei Tagen werden sie bitter. Für die Zucht werden nur enthülste Samen genommen.

Wachstumszyklus bis zur Ernte

Linum usitatissimum
Echter Flachs
Semen Lini

Geschichte

Eine Pflanze macht Mode.
In Mesopotamien, Assyrien und Ägypten wurde Leinsamen, auch Flachssamen genannt, im fünften vorchristlichen Jahrtausend angebaut. Seine Faser wurde zu Leinen verwoben und diente je nach Qualität als Material für Zelte, Dochte, Segel und auserlesene Gewänder. Priester durften nur Kleidung aus der Flachsfaser tragen, und bei der Einbalsamierung wurde der Tote mit Leinenbändern umwickelt.
Auch im Mittelmeerraum wurde Lein angebaut, ja, er gilt als die älteste Kulturpflanze im indogermanischen Bereich überhaupt.
Es überrascht nicht, daß Lein als die Pflanze der Frau bezeichnet wurde. Über Jahrtausende hielt sich ein Brauch, der mit der Einsaat des Leinsamens verbunden war. Er besagte, daß diejenigen Frauen, die den Flachs verarbeiteten, ihn auch einsäen und ernten sollten.
Auf daß der Lein hochfahre und ein langer Faden wachse, gab es Zaubersprüche. Auch wurde auf dem Feld ein Stück Holz in den Boden gerammt, damit sich die Pflanze in ihrem Wachstum an der Höhe des Steckens ausrichten könne: »So hoch wie der Stecken soll der Flachs sich recken.«
Seit frühester Zeit wurde der Flachs auch zu Öl gepreßt. Reichen Römern galten die Samen als verdauungsförderndes Zwischengericht während der endlos dauernden Gelage.
In Robbenhausen, in der Schweiz, wurde aus Pfahlbauten Leinsamenkuchen zutage gefördert. Er stammt aus dem dritten vorchristlichen Jahrtausend.

Charakteristika

Die Leinengewächse (Linaceae) sind eine eigene Familie. Wenn die kleinen, flachen, dunkelbraun glänzenden Samen mit Wasser in Berührung gebracht werden, entquillt ihnen ein gallertartiger Schleim.

Medizinische Wirkung

Seit dem Mittelalter ist die medizinische Wirkung des Leinsamens überliefert. Tee aus Leinsamen gilt als linderndes Mittel bei Entzündungen. Der geschrotete Samen, mit heißem Wasser vermischt und auf ein Leinentuch gestrichen, gilt als Wundermittel bei Geschwüren und Furunkeln. Seine Quellfähigkeit und schleimige Konsistenz haben den Lein zu einem beliebten Verdauungsmittel gemacht. Wegen seiner mehrfach ungesättigten Fettsäuren wirkt das Leinöl Ablagerungen im Körper entgegen. Äußerlich angewendet pflegt das Öl Haare und heilt Hautausschläge.

Wachstumszyklus bis zur Ernte

Inhaltsstoffe

Samen:
- 25% Protein
- 40% Öl, davon 75% ungesättigte Fettsäuren
- Vitamine: E, F, K
- Mineralien: Eisen, Kupfer, Kalzium, Magnesium, Phosphor, Jod
- besonders viele Schleimstoffe
- Enzyme und Hormone

Vom Samen zur Sprosse

- Keimmethode: im Bio-Snacky oder auf Tuch
- Einweichzeit: keine
- Temperatur: ca. 20 Grad
- Besprenkeln: wenn möglich mit einem Zerstäuber, 2mal täglich
- Ernte: nach 2–3 Tagen
- Ertrag: 1 Tasse Samen ergibt 1½ Tassen Sprossen

Wandlung und Steigerung der Inhaltsstoffe

Während des Keimens werden alle Inhaltsstoffe im Enzymprozeß gewandelt und multipliziert. Vitamine und Hormone vermehren sich nicht nur, sie bilden sich auch neu. Komplexe organische Verbindungen werden in eine leichter aufnehmbare Form umgewandelt.

Anmerkungen für den Sprossengärtner

Der Samen wird mit kleinen Zwischenräumen auf eine feuchte Unterlage gestreut. Er darf nicht zu dicht gesät werden, er quillt und bildet Schleim. Leinsamen läßt sich ideal mit Roggen und Weizen mischen und ist in dieser Kombination eine hervorragende Zutat zum Müsli. Seine Schleimbildung wird hierbei aufgefangen.

Vom Samen zum Leinsamengrün

- Anbaumethode: im Hydrogerät oder auf feuchtem Tuch
- Einweichzeit: keine
- Temperatur: ca. 20 Grad
- Besprenkeln: 2mal täglich, möglichst mit einem Zerstäuber
- Ernte: ab dem 8. Tag
- Ertrag: 2 EL Samen im Hydrogerät (20 cm Ø) ergeben 2 Tassen Grün

Wandlung und Steigerung der Inhaltsstoffe

Während der Chlorophyllbildung kommt es zur generellen Aufwertung der Inhaltsstoffe und zum Aufbau von hochwertigem Eiweiß. Mit der Grünung wird Licht im Blatt gespeichert. Das bedeutet Gewinn von Energie.

Die Wachstumsphasen des Leinsamens

Anmerkungen für den Grünkrautgärtner

Die Anweisungen für den Grünkrautgärtner sind die gleichen wie im Sprossengarten. Nach der Auskeimung von ca. vier Tagen entwickelt sich die kleine grüne Pflanze im feuchten Umraum.

Geschichte

Linsen sind seit vorgeschichtlichen Zeiten in Asien angebaut worden. Groß ist ihre Vielfalt in Form, Farbe und Gestalt. Ihr Geschmack kann lieblich sein, doch auch herb und mehlig – das hängt ab von der Sorte. Im Alten Testament verkauft Esau sein Erstgeburtsrecht an seinen Bruder Jakob für ein Linsengericht (1. Mos. 25, 29). Phacussa, die alte Stadt im Nildelta, heißt übersetzt »Linsenstadt«. Altertumsforscher vermuten aufgrund ihrer Funde, daß Linsen das Hauptnahrungsmittel der Pyramidenbauer gewesen sind. Im vorchristlichen Griechenland wurden Linsen nur von den Armen gegessen, doch die kynischen Philosophen riefen zur Bedürfnislosigkeit auf und bevorzugten Linsen. Athenaios (2. Hälfte des 1. Jahrhunderts v. Chr.) beschreibt in einem Theaterstück das berühmte Linsenbankett, in dem er mit dem einfachen Linsengericht die üppigen Gelage der Reichen verspottet. Durch die Römer gelangten Linsen auch nach Mitteleuropa und wurden zur wichtigen Feldfrucht. Linsen galten als traditionelles Totenessen. Da sie lange vorhalten, boten sie sich als nahrhafte Speise für die Reise der Toten an. Bei Begräbnissen wurden sie, mit Salz gereicht, auch von den Hinterbliebenen gegessen. Auch die verschiedenen heutigen Formen von Leichenschmaus gehen wohl auf den Ritus zurück, den Toten Speise mit auf den Weg zu geben.

Lens esculenta

Charakteristika

Die Linse gehört zu den Schmetterlingsblütlern. Ihre Früchte haben den verschiedenen Sorten entsprechend verschiedene Größen und Farben von Beigebraunschwarz bis zum leuchtenden Gelbrot.

Medizinische Wirkung

Bekannt sind Wickel und Auflagen gegen Entzündungen, die aus gekochtem Linsenpüree bereitet wurden.

Inhaltsstoffe

Samen
- 24% Protein
- 56% Kohlehydrate
- 1,4% Fett
- Vitamine: A, B_1, B_2, Niacin, B_6, B_{12}, viel C und E

- Mineralien: Phosphor, Eisen, Zink, Mangan, Magnesium, Kalzium, Natrium, Kupfer, Kalium
- Enzyme und Hormone

Vom Samen zur Sprosse

- Keimmethode: im Glas oder im Bio-Snacky
- Einweichzeit: 12 Stunden
- Temperatur: ca. 20 Grad
- Spülen und Wässern: 2–3mal täglich
- Ernte: nach ca. 3 Tagen
- Ertrag: 1 Tasse Linsen ergibt 6 Tassen Sprossen

Wachstumszyklus bis zur Ernte

Wandlung und Steigerung der Inhaltsstoffe

Während des Keimens werden alle Inhaltsstoffe im Enzymprozeß gewandelt und multipliziert. Vitamine und Hormone vermehren sich nicht nur, sie bilden sich auch neu. Komplexe organische Verbindungen werden in eine leichter aufnehmbare Form umgewandelt.

Anmerkungen für den Sprossengärtner

Linsensprossen wollen gut beobachtet sein. Unerwartet schnell entwickeln sich ihre kleinen Blättchen. Das heißt, ein Teil des Nährwertes ist aufgezehrt, und der Geschmack wird herb.

Medicago sativa
Alfalfa
Schneckenklee

Geschichte

Die Luzerne stammt aus Asien. Während der Perserkriege wurde sie in Griechenland bekannt und gelangte von dort aus in die arabischen Länder. Das Wort Alfalfa aus dem Englischen ist mittlerweile auch bei uns bekannt. Es kommt ursprünglich aus dem Arabischen alfacha-facha = gutes Futter. Die feurigen Araberhengste profitierten von der gebündelten Kraft der Luzerne, denn sie bezieht ihre Vitalität aus ihren lang ausgefahrenen Wurzeln. Sie reichen bis zu fünf Meter in die Erde und holen so reichlich Mineralien und Spurenelemente aus dem Boden.

Im ersten Jahrtausend kam die Luzerne über Spanien nach Mitteleuropa. Hier wurde sie zunächst als Futterpflanze und später zur Gründüngung verwendet. Inzwischen gehört sie zu den beliebtesten Sprossen bzw. 12-Tage-Kräutern in Amerika. Ihr Nähr- und Heilwert wurde durch verschiedene neuere Studien untermauert.

Charakteristika

Die Luzerne ist ein Schmetterlingsblütler. Im winzigen braunen Samen sitzt geballte Kraft.

Medizinische Wirkung

Die Heilanwendung der Luzerne geht weitgehend auf das Wissen der Indianer zurück. Sie verwenden ein Mehl aus Samen sowohl zu Brei und Brot als auch für Mittel zur Blutgerinnung.
Die Blätter der Luzerne werden frisch als Salat gegessen und getrocknet als Tee getrunken. (57)
Neben dem Getreidegrün steht die Luzerne an zweiter Stelle, was den Protein- und Chlorophyllgehalt betrifft. Forschungen in den USA nahmen in vielen Untersuchungen die Luzerne als Ausgangsmaterial und sorgten somit auch für die Popularität der kleinen Pflanze.
Der auffallend reiche Mineralgehalt der Luzerne, ergänzt durch Chlorophyll, hat einen regenerierenden Effekt. Außerdem verfügt die Luzerne über das komplette Protein mit allen acht essentiellen Aminosäuren. Das Grün wirkt entgiftend. In der folgenden Tabelle finden wir eine Analyse der Inhaltsstoffe von getrocknetem Luzernengrün per 100 Gramm:

Vitamin A	bis zu 44 000	I.E.
Vitamin D	1 040	I.E.
Vitamin E	50	I.E.
Vitamin K	15	I.E.
Vitamin C	176	mg
Vitamin B_1	0,8	mg
Vitamin B_2	1,8	mg

Vitamin B_6	1	mg
Vitamin B_{12}	0,3	mcg
Niacin	5	mg
Vitamin B_5	3,3	mg
Inosit	210	mg
Vitamin H	0,33	mg
Folsäure	0,8	mg
Phosphor	250	mg
Kalzium	1750	mg
Pottasche	2000	mg
Soda (Natrium-carbonat)	150	mg
Chlor	280	mg
Schwefel	290	mg
Magnesium	310	mg
Kupfer	2	mg
Mangan	5	mg
Eisen	35	mg
Kobalt	2,4	mg
Bor	4,7	mg
Molybdän	2,5	ppm

Weitere Anteile der Luzerne sind Faserstoffe (25%), Protein (20%) und fettlösliche Stoffe (3%).

I. E. = Internationale Einheiten
mg = Milligramm
mcg = Microgramm
ppm = Anteile pro Million
Die Tabelle ist dem Buch von Viktoras Kulvinskas (35) entnommen.

Aus amerikanischen Untersuchungen geht hervor, daß die Luzerne abschwellend und schmerzlindernd bei rheumatischen Erkrankungen wirkt. Der Stoffwechsel wird angeregt. Der blutgerinnende Effekt, der mittler-

Die Wachstumsphasen des Luzernengrüns

weile wissenschaftlich untermauert ist, wird für die Behandlung von Hämorrhoiden genutzt. Nicht zuletzt ist die Luzerne wegen ihres hohen Anteils an Vitamin A und Karotin als wirkungsvolles Hautpflegemittel bekannt, das selbst bei hartnäckiger Akne hilft.
Der auffallende Vitamin-C-Gehalt der Luzerne (1 Tasse Luzerne = 6 Tassen Orangensaft) macht sie zu einem der wichtigsten natürlichen Vitaminversorger.

Inhaltsstoffe

Samen

- 40% Protein
- wenig Fett
- Vitamine: A, B_1, B_2, Niacin, B_{12}, C, D, E, K, P, U
- Mineralien: Phosphor, Kalzium, Aluminium, Silizium, Schwefel, Magnesium, Soda (Natriumcarbonat), Kobalt, Kalium
- alle acht essentiellen Aminosäuren
- Hormone

Wandlung und Steigerung der Inhaltsstoffe

Während der Chlorophyllbildung kommt es zur generellen Aufwertung der Inhaltsstoffe, zum Aufbau von hochwertigem Eiweiß. Mit der Grünung werden die sonnenlichtwertigen Potentiale erhöht. Das bedeutet Gewinn an Energie für natürliche Heilungsvorgänge.

Vom Samen zum Luzernengrün

- Anbaumethode: im Hydrogerät oder auf feuchtem Tuch
- Einweichzeit: ca. 8 Stunden
- Temperatur: ca. 20 Grad
- Besprenkeln: 2mal täglich, möglichst mit einem Zerstäuber
- Ernte: nicht vor dem 7. Tag
- Ertrag: 3 EL Samen auf einem Teller (20 cm Ø) oder im Hydrogerät ergeben 2 Tassen Grün
  1 Tablett (33 x 20 cm) mit einer guten halben Tasse Samen ergibt ca. 6 Tassen Grün

Anmerkung für den Grünkrautgärtner

Nach neuester, wissenschaftlicher Erkenntnis ist die gleichmäßige Ausreifung, die zum Abbau des Canavavins, eines natürlichen Giftes, benötigt wird, äußerst wichtig. Das Luzernengrün soll nicht, wie ich in meinen früheren Taschenbüchern vorgeschlagen habe, im Einmachglas gezüchtet werden. Eine gleichmäßige Ausreifung setzt voraus, daß jeder Samen genügend Platz und ausreichendes Licht zu seiner Entfaltung hat. Wer größere Portionen züchten möchte, kann die Luzerne für das erste Wachstum im Glas anzüchten, sollte sie jedoch nach vier Tagen im Hydrogerät oder auf einem entsprechenden Tablett ausbreiten, um sie auswachsen zu lassen.

Das zarte Luzernengrün wird vorzugsweise mit dem Zerstäuber feucht gehalten.

Phaseolus mung
Phaseolus radia
Phaseolus aure
Grüne Sojaboh
Urdbohne

Geschichte

Im Arzneimittelbuch Sheng Nungs steht die Mungbohne in der Gruppe der Nahrungsmittel im Gegensatz zu anderen Bohnensprossen, die in der Gruppe der Heilkräuter angesiedelt waren.
Die grüne Sojabohne gehört zu den wichtigsten asiatischen Hülsenfrüchten. Mit ihr verbinden sich Anekdoten aus legendären Zeiten.
Auf der Suche nach neuem, ertragreichem Ackerland segelten einst chinesische Reisbauern den größten Strom Asiens, den Jangtsekiang, hinauf. Sie führten reichlich Proviant und Sojabohnen für die Aussaat mit sich. Nach Wochen anstrengender Reise gerieten sie kurz vor ihrem Ziel in ein mörderisches Unwetter. Nur mit äußerster Kraft hielten sie sich über Wasser. Ihre Not war groß. Mittlerweile ohne Proviant, in einem angeschlagenen Schiff, schienen sie kraftlos dem Tod entgegenzutreiben. Plötzlich – keiner wußte, wie es geschah – platzten die Saatgutsäcke, und bald schon breiteten sich vor ihnen grüne knackige Mungbohnensprossen aus, die sie alsbald gierig verschlangen.

Charakteristika

Die Mungbohne gehört zu den Schmetterlingsblütlern. Heute wird sie vorwiegend in China, Indien, Irak, Malaysia und Ostafrika angebaut. Die Hülsenfrucht wird vorwiegend gekeimt gegessen, also nach einer kurzen Wachstumszeit geerntet.

Vitamin-E-Gehalt in Milligramm pro 100 Gramm (35):

Hülsenfrüchte	Tage der Keimung		
	0	2	4
Mungbohne	2,4	2,8	3,2
Kichererbse	2,0	2,3	2,6
Linse	2,0	2,3	2,1

Gestärkt gelangten sie ins neue Land, und da sie die Bohnensprossen von Stund an immer gegessen haben, leben ihre Nachkommen noch heute in China und vermehren sich munter. Inzwischen ist die Mungbohne in der ganzen Welt als Sojasprosse bekannt geworden. Besonders in den USA ist sie mehr als eine Zutat in der chinesischen oder philippinischen Küche. Ihr Erfolg spricht für sich: einfachste Zucht, hoher Gesundheitswert und erfrischend süßer Geschmack.

Medizinische Wirkung

Der Gesundheitswert der Mungbohne liegt im hohen Vitamingehalt, der innerhalb der Keimung drastisch ansteigt.
Besonders der Anteil an Vitamin E, das nachweislich verjüngende Effekte hat, ist hervorzuheben.

Inhaltsstoffe

Samen

- 25% Protein
- 1,2% Fett
- 59,6% Kohlehydrate
- Vitamine: A, B_1, B_2, Niacin, B_{12}, C, E
- Mineralien: viel Kalium und Phosphor, Kalzium, Eisen, Magnesium
- Enzyme und Hormone

Wachstumszyklus bis zur Ernte

Vom Samen zur Sprosse

- Keimmethode: im Glas oder im Bio-Snacky
- Einweichzeit: 12 Stunden
- Temperatur: nicht über 21 Grad
- Spülen und Wässern: 2mal täglich
- Ernte: ab dem 3. Tag
- Ertrag: 1 Tasse Samen ergibt ca. 7 Tassen Sprossen

Anmerkungen für den Sprossengärtner

Einfacher als bei der Mungbohne geht es nicht. Die Sprossen können auch nach dem vierten Tag noch gegessen werden, doch der Samenkörper verfärbt sich dann blaß-lila, und der Geschmack wird herb. Die Früchte verlieren ihre ursprüngliche Zartheit.

Wandlung und Steigerung der Inhaltsstoffe

Der Flüssigkeitsgehalt steigt von 10,7% im Samen auf 88,8% in der Sprosse. Das ist vergleichbar mit jedem anderen Obst. Das Protein wandelt sich während der Keimung in Aminosäuren mit allen essentiellen Anteilen. Eine Tasse (1/4 Pfund) hat den Vitamin-A-Gehalt einer Limone, den Vitamin-B_1-Gehalt einer Avocado, den B_2-Gehalt eines Apfels und den Vitamin-C-Gehalt einer Ananas. Komplexe organische Verbindungen werden in eine leichter aufnehmbare Form umgewandelt. Wachstumshormone und Enzyme sind reich vorhanden. Mungbohnensprossen haben den Cholingehalt von 205 mg per 100 Gramm Samen nach vier Tagen Keimung auf 250 mg erhöht. Der Vitamin-E-Gehalt ist im gleichen Zeitraum von 2,4 mg auf 3,2 mg angestiegen.

Raphanus sativus
Raphanus nigra
Bierwurz
Radi
Bierrettich
Retwurzel

Geschichte

Auch der Rettich hat eine beachtliche Vergangenheit als Kulturpflanze. Er wurde in der ganzen alten Welt kultiviert.

Sein Ursprungsgebiet liegt in China und Japan. Im Mittelmeerraum wird er seit 2700 Jahren v. Chr. angebaut. Wandreliefs der Cheopspyramide belegen sein Vorkommen in Ägypten. Neben Zwiebeln und Knoblauch gehörte er zu den Speisen der Fronarbeiter. Im Tempel zu Delphi wurde Apoll als Zeichen hoher Wertschätzung ein goldener Rettich dargeboten, denn die Griechen liebten den Rettich, wie auch die Römer. Sie aßen vorrangig die Wurzel, während die grünen Blätter nur von den Armen verzehrt wurden. Der Rettichsamen wurde auch als Ölfrucht genutzt.

Schon Plinius beschreibt die blähende Wirkung dieser Wurzel, doch die rübenähnliche Frucht kam mit den Römern schließlich auch zu uns ins Land, und der Radi wurde sehr beliebt – nicht zuletzt bei den Bayern.

Charakteristika

Der Rettich gehört zur Familie der Kreuzblütler. Der braunrote kugelförmige Same kommt, wie es Theophrast in seiner Historia Plantarum erwähnt, schon im Altertum in mehr als einem halben Dutzend Sorten vor, die die verschiedensten Formen der Wurzeln hervorbrachten: rund, rübenförmig, halblang oder lang. Die Vielfalt der Farben geht von rosa, violett, grau, braun zu schwarz und weiß. Der Geschmack kann äußerst scharf sein, aber auch sehr milde.

Medizinische Wirkung

Dioskurides sagt vom Rettich: Er säubert, macht dünn und hat Eigenschaften, die öffnen. Im Kräuterbuch des Jacobus Theodorus von 1731 heißt es: »Rettich verscheucht den Schlaf, sein Saft schützt vor Insektenstichen und dem Biß der Schlange. Rettichöl lindert den Ohrenschmerz und läßt wie kein anderes Mittel die Haare wachsen.«

Saft aus schwarzem Rettich gilt auch heute noch als ein vorzügliches Mittel bei Gallenerkrankungen. Auch die Anwendung des scharfen Rettichs bei der Verschleimung der Nebenhöhlen hat sich bei entsprechend langer Behandlung als erfolgreich erwiesen.

Inhaltsstoffe

Samen

- 37% Öl, (schwefelhaltiges, ätherisches Öl mit hohem Senfölanteil)
- 2% Protein
- 0,2% Fett
- 4% Kohlehydrate
- Vitamine: A, B_1, B_2, Niacin, viel C
- Mineralien: Kalzium, Phosphor, Eisen, Kalium, Natrium, Magnesium
- Bitterstoffe, Scharfstoffe (Senföle)
- Enzyme und Hormone

Vom Samen zum Rettichgrün

- Anbaumethode: im Hydrogerät oder auf feuchtem Tuch
- Einweichzeit: ca. 8 Stunden
- Temperatur: 18 Grad
- Besprenkeln: 2–3mal täglich
- Ernte: ab dem 7. Tag
- Ertrag: Auf einem Teller mit 20 cm Ø oder im Hydrogerät ergeben 3 EL Samen 1½ Tassen Rettichgrün.

Wandlung und Steigerung der Inhaltsstoffe

Während der Chlorophyllbildung kommt es zur generellen Aufwertung der Inhaltsstoffe.

Mit der Grünung werden die sonnenlichtwertigen Potentiale erhöht. Die ätherischen Öle und Bitterstoffe steigern ihre pharmakologische Wirkung. Das bedeutet Gewinn an Heilkraft.

Die Wachstumsphasen des Rettichs

Anmerkungen für den Grünkrautgärtner

Rettichsamen wachsen ohne Besonderheiten. Sofort nach der Auskeimung entfalten sie ihre kleinen Blättchen und wachsen zum Grün. Einige Rettichsamen, den Hülsenfrüchten während der Keimung zugegeben, »säubern« das Milieu im Sprossengarten und lassen keine Bakterien aufkommen. Die Stengel des Rettichs sind transparent, seine Blätter von sattem Grün.

Secale sereale
Secale ancestrale
Secale montanum
Rockenkorn
Korn

Geschichte

Der Anfangsbuchstabe des Roggen könnte für robust stehen. Kein anderes Getreide ist so widerstandsfähig bezüglich der Bodenverhältnisse und der Witterung.

Im Mittelmeerraum blieb der aus Kleinasien stammende Roggen für die Ägypter, Griechen und Römer ein Weizenunkraut. Der Roggen ist das Korn, das Nord und Süd trennt. Seit dem Mittelalter entwickelte sich das Korn als Hauptnahrungsmittel der Nordeuropäer. Aus ihm wurden Brot, Grützen und der berühmte Kornbranntwein, »das Körnchen«, bereitet.
Der Roggen blieb im Mittelmeerraum geradezu verpönt. Er galt als Barbarenspeise.
Goethe beschreibt diese Tatsache humorvoll in seinem Gedicht »Soldatentrost«:
»Nun, hier hat es keine Not,
schwarzes Mädchen, weißes Brot.
Morgen in ein andres Städtchen,
schwarzes Brot und weiße
Mädchen.«

Heute stammt die Hälfte der Welternte aus der UdSSR, Deutschland, Polen und den skandinavischen Staaten. Roggen ist trotz des immer größer werdenden Weizenverbrauchs bei uns noch immer das beliebteste Korn für dunkles Brot.

Charakteristika

Der Roggen gehört zur Familie der Süßgräser. Die dunkelgrauen Körner haben einen silbrig-grünen Schimmer. Das Roggenkorn ist schlanker als das behäbige Weizenkorn. Von allen Getreidearten hat Roggen die tiefste Keimtemperatur. Er schlägt noch bei 1 bis 2 Grad aus.

Medizinische Wirkung

Der hohe Kleieanteil des Roggens fördert die Darmtätigkeit und Verdauung. Er stärkt die Nerven und die Muskeln. Sein Rutingehalt beugt Arterienerkrankungen vor.

Inhaltsstoffe

Samen
- 11,5% Protein
- 1,7% Fett

- 69,5% Kohlehydrate
- 1,9% Rohfaser
- Vitamine: B_1, B_2, Niacin, E, Karotin, Biotin
- Mineralien: Kalium, Natrium, Kalzium, Magnesium, Phosphor, Schwefel, Chlor, Silizium, Eisen, Mangan, Kupfer, Kobalt, Zink, Jod
- Enzyme und Hormone

Vom Samen zur Sprosse

Wachstumszyklus bis zur Ernte

- Keimmethode: im Glas oder im Bio-Snacky
- Einweichzeit: 12 Stunden
- Temperatur: 18 Grad, eher kühler
- Spülen und Wässern: 2mal täglich
- Ernte: nach 2–3 Tagen
- Ertrag: 1 Tasse Samen ergibt 2½ Tassen Sprossen

Wandlung und Steigerung der Inhaltsstoffe

Während des Keimens werden alle Inhaltsstoffe im Enzymprozeß gewandelt und multipliziert. Vitamine und Hormone vermehren sich nicht nur, sie bilden sich auch neu. Komplexe organische Verbindungen werden in eine leichter aufnehmbare Form umgewandelt.

Anmerkungen für den Zimmcrgärtner

Wer Roggen zu Roggengrün wachsen läßt, wird feststellen, daß der zarte Keimling rosafarben ausschlägt und erst später unter der Einwirkung des Lichtes grünt. Die Grünzucht erfolgt wie beim Weizengrün.

Sinapis alba
Sinapis negra

Geschichte

Seit Jahrtausenden ist die kleine goldene Senfkugel als Würze bekannt und gilt nebenbei als Symbol für Dinge, die unscheinbar beginnen und später eine große Wirkung entfalten.

Theophrast, der erste griechische Botaniker, berichtet in seinem Pflanzenbuch: »Senf dient der Stärkung und Belebung der Organe oder zur Bereicherung abgeschmackter Kost.«

Plinius beschreibt, daß die Pflanze in ihrer Wildform für die verschiedenen Zwecke gesammelt wurde. Der pulverisierte Samen galt als hervorragendes Heilmittel. Aus den Senfkörnern wurde Öl gepreßt, und das Blattgrün galt als erfrischender Salat.

Mit dem Beginn des Mittelalters entwickelte sich der feldmäßige Anbau in ganz Europa. Der Senf fand Einlaß in unsere heimatliche Küche. Hier ein Rezept für Senfpaste nach Jacobus Theodorus: »Ein Teil zerstoßener Senf wird mit Wasser übergossen, zu einer Paste verrührt und gären lassen. Nach drei Tagen wird die Paste erneut durchgeknetet und mit einem Teil guten Most aus Quitten vermischt. Anschließend wird die Masse mit Honig, Zimt und Nelken abgeschmeckt, und fertig ist die Paste, die berühmt wurde als ›Mustardum‹ oder ›Mustardum ardens‹.«

Der Feinschmecker denkt an die »Mustarde de Dijon«. Den Franzosen liegt diese exquisite Würze so sehr am Herzen, daß sie seit 1937 die Qualität staatlich überwachen.

Charakteristika

Der Senf, zur Familie der Kreuzblütler gehörend, ist unterteilt in Sinapis alba und Sinapis negra (weißer und schwarzer Senf). Beide haben die gleiche Wirkung und den gleichen Geschmack. Unterschiedlich sind lediglich Form und Größe der Samen.

Medizinische Wirkung

Senfkörner können kurmäßig in kleinen Dosierungen zur Reinigung und Stärkung eingenommen werden. Ihre desinfizierende Wirkung übermittelt sich auch, wenn sie als Senfpflaster (aus Senfmehl) auf die Haut gebracht werden. Das beliebte Hausmittel wirkt vorwiegend durch das ätherische Öl und dringt heilend in die Haut bei Muskelschmerzen,

Verrenkungen, selbst bei Rheuma, Ischias und Gicht. Der über die Hautreizung wirkende Senfwickel kann bei verschlepptem Bronchialkatarrh schleimfördernd wirken. Es gibt verschiedene Wasseranwendungen mit dem Zusatz von Senfsamen, zum Beispiel Fußbäder gegen Fieber, Sitzbäder gegen Unterleibsbeschwerden und Wannenbäder bei beginnenden Erkältungskrankheiten. Bei Brust- und Herzschmerzen werden Senfwickel auf der Basis von konzentriertem Senfwasser angewandt.
Als Senfgrün wird er wie die Kresse seit eh und je zu Entschlackungskuren im Frühling gegessen. Es entwässert und ist reich an Vitamin C.
Die neuesten Erkenntnisse der Phytotherapie bestätigen die antibiotische Wirkung des Senfes.

Inhaltsstoffe

Samen
- 30% fettes Öl
- Eiweiß
- ätherisches Senföl
- Schleim
- Traubenzucker
- Vitamine: A, B_1, B_2, viel C
- Mineralien: Schwefel, Phosphor, Kalium, Eisen
- Bitterstoffe
- Enzyme und Hormone

Vom Samen zur Sprosse

Idealerweise werden Senfkörner, Kichererbsen, Adzuki- oder Sojabohnen in kleinen Quantitäten zugegeben. Gerade die schweren Hülsenfrüchte produzieren während der Keimung Gase und »Abfallstoffe«. Die Senföle wirken im Sprossenglas antibakteriell.

Die Wachstumsphasen des Senfs

Wandlung und Steigerung der Inhaltsstoffe

Während der Chlorophyllbildung kommt es zur generellen Aufwertung der Inhaltsstoffe. Mit der Grünung werden die sonnenlichtwertigen Potentiale erhöht. Das bedeutet einen Gewinn an Heilkraft. Während des Wachstums entwickeln sich die ätherischen Öle und Bitterstoffe und erhöhen ihre pharmakologische Wirkung.

Anmerkungen für den Grünkrautgärtner

Senfkörner geben beim Einweichen einen leichten Schleim ab. Sie wachsen problemlos. Die ersten Haarwurzeln entwickeln pelzige Nebenwurzeln, die nicht mit Schimmel zu verwechseln sind. Es bleibt zu ergänzen, daß die Würzkräuter Kresse, Senf, Rettich und Bockshornklee trotz der verschiedenen Reifezeiten wie im Garten gemeinsam im Hydrogerät oder auf einem Teller wachsen können.

Sesanum indicum

Geschichte

»Sesam öffne dich« – eine magische Formel öffnet die Pforte. Wir erreichen das Land der Geschichten von Tausendundeiner Nacht. Die Zauberfrucht ist eine der ältesten Ölpflanzen und wurde schon vor 5500 Jahren erfolgreich in Indien angebaut.
In der Hindu-Mythologie ist der Sesam das Zeichen für Unsterblichkeit, und von assyrischen Göttern heißt es, ihre Schöpferkraft zur Gestaltung der Welt stamme allein aus dem Wein des Sesams.
Unübertroffen sind die Eigenschaften des winzigen Samens. Das Sesamöl wird nicht ranzig. Es stabilisiert auch andere Öle, wenn es ihnen zugemischt wird.
In der asiatischen Küche ist Sesam zugleich Würze und Ölzutat.
Die Griechen und Römer liebten Gebäck aus Sesam. Das begehrte Naschwerk wurde auf der Basis von Honig gerührt. Auch dem Brotteig gab man Sesam hinzu. Die Empfehlung Dioskurides' mag den besonderen Wert der kleinen Ölfrucht unterstreichen: Soldaten sollten Sesam als eiserne Ration auf die Feldzüge mitnehmen. Heute wird der Sesam hauptsächlich in Indien und China angebaut.

Charakteristika

Der Sesam gehört zu den Pedaleaceae, der Familie der Sesamgewächse. Die Blüten des Sesamkrautes erinnern an die des Fingerhutes. Der Samen kommt in drei verschiedenen Farben vor: Schwarz, Weiß und Rot.

Medizinische Wirkung

Hippokrates (5. Jahrhundert v. Chr.) verschrieb Sesamöl zur allgemeinen Stärkung. Dioskurides ergänzt die Heilanwendung des Sesams in bezug auf Dickdarmerkrankungen. Der Same wirkt auf sanfte Weise verdauungsfördernd.
In der indischen Medizin werden Umschläge mit gestoßenem Sesam bei Verletzungen, Geschwüren und Verbrennungen zur Heilung aufgelegt.
Im Sesam wirkt das Lecithin zusammen mit Vitaminen und Mineralien. Es ist nervenaufbauend.
Für Haut und Haare ist Sesamöl ein Schönheitsmittel. Es kann innerlich und äußerlich angewendet werden. Die Sesamsaat sollte unmittelbar vor dem Gebrauch in einem Mörser zerstoßen werden, wenn sie nicht durch die Keimung natürlich umgesetzt wird.

Sesam

Wachstumszyklus bis zur Ernte

Inhaltsstoffe

Samen

- 20 – 30% Proteine
- 50 – 60% Öl, welches zu ca. 90% aus ungesättigten Fettsäuren mit einem hohen Lecithingehalt besteht
- 7% Kohlehydrate
- Vitamine: B_1, B_2, Niacin, A, C, viel E
- Mineralien: Magnesium, Phosphor, Eisen, Kieselsäure, Pottasche (Kaliumcarbonat), Kalzium
- Schleimstoffe

Vom Samen zur Sprosse

- Keimmethode: im Glas oder Bio-Snacky
- Einweichzeit: 8 Stunden
- Temperatur: 18 Grad
- Spülen und Wässern: 2mal täglich
- Ernte: nicht später als nach 2 Tagen
- Ertrag: 1 EL Samen ergibt 1½ EL Sprossen

Wandlung und Steigerung der Inhaltsstoffe

Während des Keimens werden alle Inhaltsstoffe durch den Enzymprozeß gewandelt. Vitamine und Hormone vermehren sich und bilden sich auch neu. Komplexe organische Verbindungen werden in eine leichter aufnehmbare Form umgewandelt.

Anmerkungen für den Sprossengärtner

Wichtig ist, auf die Einhaltung der knappen Keimzeit zu achten. Sesamsprossen werden sehr leicht bitter und verlieren ihren sanften Nußgeschmack.

Besonders wichtig für Vegetarier: 100 Gramm Sesam enthalten 1025 mg Kalzium, ein halber Liter Milch – ansonsten eine der besten tierischen Kalziumquellen – dagegen nur 500 mg.

Glycine max
Soja hispida

Geschichte

Die Sojabohne ist die »Eva« unter der Vielzahl der Bohnen. In ihr begegnen wir der Bohne mit der größten revolutionären Potenz. Kaum eine andere Frucht bietet uns einen so reichhaltigen und vielseitigen Nahrungswert. Aus Urzeiten heißt es: Bohnen sind mit den Menschen zugleich aus dem Urschlamm hervorgegangen. In der chinesischen Pflanzenkunde begegnen wir dieser Hülsenfrucht unter den verschiedensten Namen und Sorten. Es hat lange gedauert, bis der hohe Nährwert der Sojabohne auch in der westlichen Welt anerkannt wurde.
Vorzugsweise jedoch landet das wertvolle »Fleisch des Feldes« in den Trögen der Zuchttiere. Seit dem Ersten Weltkrieg hat sich ihr Anbau drastisch gesteigert. Das Sojabohneneiweiß wurde zum unverzichtbaren Nährmittel für die Armen.
Die Asiaten essen schon seit Urzeiten das bekömmliche Sojaeiweiß. Der erste Nachweis über das vegetabile Fleisch stammt aus der Zeit um 3000 v. Chr.

Für den Westen keine Zukunftsperspektive?
Statistiken zeigen, daß beispielsweise mit einem Hektar Gerste Vieh gefüttert werden kann, dessen Fleisch einen Menschen 190 Tage lang ernährt. Ein Hektar Weizen, direkt verzehrt, hält einen Menschen 2166 Tage am Leben, ein Hektar Sojabohnen 5493 Tage. (63)

Der kürzeste Weg zur Gesundheit ist der Weg in den Garten.
(unbekannt)

Charakteristika

Die Hülsenfrucht gehört zur Familie der Schmetterlingsblütler. Sie zeichnet sich durch eine große Artenvielfalt aus. Ihre purpurfarbenen und weißen Blüten wachsen buschig um einen Stamm.

Medizinische Wirkung

Mit ihrem hohen Proteinanteil ist die gelbe Sojabohne für Menschen, die an Rheuma oder Gicht leiden, der geeignete Eiweißträger; sie ist viel gesünder als tierisches Eiweiß. Wegen ihres geringen Stärkeanteils ist sie eine besonders gute Nahrung für Diabetiker oder Allergiker.
Nerven und Kreislauf werden durch die Inhaltsstoffe der Sojabohne gestärkt.

Inhaltsstoffe

Samen

- 35 – 50% Protein (doppelt so hoch wie im Fleisch, vorwiegend Glycin)
- 20% Fett mit einem hohen Anteil an Linolsäure
- 24% Kohlehydrate
- 2% Lecithin
- Vitamine: relativ geringe Anteile an A, B_1, B_2, Niacin, Panthotensäure, B_{12}, C, E, K, Karotin, Biotin
- Mineralien: Kalzium, Magnesium, Kupfer, Eisen, Mangan, Phosphor, Kalium, Natrium, Chlor, Schwefel
- Cholin, Saponin

Wachstumszyklus bis zur Ernte

Vom Samen zur Sprosse

- Keimmethode: im Glas oder Bio-Snacky
- Einweichzeit: 12 – 16 Stunden
- Temperatur: nicht höher als 21 Grad
- Spülen und Wässern: alle 4 Stunden, sehr gründlich
- Ernte: nach ca. 4 Tagen
- Ertrag: 1 Tasse Samen ergibt ca. 4 – 5 Tassen Sprossen.

Wandlung und Steigerung der Inhaltsstoffe

Während des Keimens werden alle Inhaltsstoffe durch den Enzymprozeß gewandelt. Vitamine und Hormone vermehren sich nicht nur, sondern bilden sich auch neu. Auffällig ist der enorm hohe Anstieg an Vitamin C. Komplexe organische Verbindungen werden in eine leichter aufnehmbare Form umgewandelt.

Anmerkungen für den Sprossengärtner

Die Sojabohne neigt zu schneller Gärung. Besonders im Sommer muß sie kräftig gespült werden, um die Reststoffe aus der Keimung abzuwaschen.

Auf diese Weise ist sie problemlos zu Sprossen zu züchten, ohne in Fermentierung überzugehen.

Der Vitamin-C-Gehalt von Sojabohnen nimmt nach 3 Tagen um das Fünffache zu. Das heißt: Mit einem Löffel Sojabohnen haben wir unseren Tagesbedarf bereits gedeckt.

Nährstoffgehalt im Weizen und in den Weizen-, Luzerne- und Sojakeimen (mg/100 g):

	Weizen
Proteine %	12,1
Kalzium	41
Phosphor	372
Magnesium	120
Eisen	3,3
Kupfer	0,17
Vitamin A	0,12
Vitamin B_1	0,55
Vitamin B_2	0,12
Niacin	4,3
Vitamin C	0

[1] *Der hier für Sojakeime angegebene Nährstoffgehalt ist wesentlich geringer als der von Weizenkeimen und Luzernekeimen; dies ist leicht zu erklären: Die Berechnung bezieht sich auf frische Sojakeime, sie enthalten 86% Wasser, während die beiden anderen Keime getrocknet nur noch 10 bis 12% Wasser enthalten. (3)*

Weizenkeime (getrocknet)	Luzernekeime (getrocknet)	Sojakeime[1] (frisch)
25,2	20	6
90	1750	50
1100	250	65
400	310	–
8	35	1,2
1,3	2	–
–	13,2	–
1	0,8	0,23
2,5	1,8	0,2
5	5	0,8
1	176	10

Helianthus annus
Gottesauge
Sonnenkrone

Geschichte

Aus dem Sonnenland der Azteken und der Mayas strahlt eine goldene Blume. Sie ist das Symbol eines sonnenverehrenden Volkes, für das sie Nahrung und Schönheit verkörpert. Wenn die Priester der Mayas ihren Sonnengott anbeteten, trugen sie überdimensionale Sonnenblumen aus purem Gold als Kopfschmuck.
Auch den Indianern im Westen Amerikas war die Sonnenblume in ihrer ursprünglichen Form eine bedeutsame Nahrungsquelle. Das Wildkraut spielte, lange bevor Bohnen, Mais und Kürbis gegessen wurden, eine besondere Rolle für ihre Ernährung. Als die spanischen Konquistadoren von ihren Eroberungszügen auch den Samen der Sonnenblume mit nach Spanien brachten, wußte man zunächst wenig damit anzufangen, pflanzte sie jedoch im botanischen Garten von Madrid an.

Die Sonnenblume breitete sich von Spanien nach Frankreich, England und Deutschland aus und erreichte erst im 19. Jahrhundert den Balkan. Dort wurde schließlich ihre Qualität, über ihre strahlende Schönheit als Zierpflanze hinaus, angemessen gewürdigt. Im Osten liegen heute die Hauptanbaugebiete der Sonnenblume.
Typisch für diese Pflanze ist ihr immer der Sonne zugewandter leuchtender Blütenkranz. Im Französischen drückt ihr Name tournesol diese Bewegung aus. Vom frühen Morgen bis zum Abend folgt die Blüte der energiespendenden Sonne, jeden Morgen mit dem Blick nach Osten neu beginnend.

Charakteristika

Zu den Korbblütlern gehörend, ist die Sonnenblume eine einjährige Pflanze. Sie wächst bis zu vier Meter hoch. Ihr Blütenkranz mißt durchschnittlich 40 Zentimeter im Durchmesser und gibt Raum für einen Blütenstand, der eine Einzelblüte vortäuscht, jedoch aus schätzungsweise 150000 Einzelblüten besteht. Die Samen der Sonnenblume sind weiß oder auch schwarz-weiß gestreift.

Medizinische Wirkung

Noch heute bereiten die Indianer Amerikas Säfte aus Stengeln, Blättern, Blüten und Samen und behandeln giftige Stiche mit dieser Paste. Die Kräfte des Sonnenblumenöls gelten in der

Volksmedizin wegen ihres aufbauenden Nährwertes als allgemein stärkend und vorbeugend.
Für uns ist besonders erfreulich, daß Sonnenblumen fast nie von Insekten befallen werden, so daß eine Behandlung mit Insektiziden überflüssig ist und der Samen frei von Schadstoffen bleibt. Untersuchungen des Royal Victoria Hospitals in Belfast zeigten, daß die Linolsäure in der Sonnenblume positiven Einfluß auf Multiple-Sklerose-Erkrankungen nehmen kann. Auch bei Kreislauferkrankungen wirkt die Linolsäure und hält das Cholesterin flüssig. Der Eisengehalt – 6 mg pro 100 Gramm – wirkt bei Blutarmut.

Es gibt so manche Blume, die überirdischen Ursprungs ist.

Novalis (1772–1801)

Wachstumszyklus bis zur Ernte

Inhaltsstoffe

Samen

- 28% Protein mit allen essentiellen Aminosäuren
- 25–40% Öl mit einem hohen Anteil an ungesättigten Fettsäuren, insbesondere Linolsäure und Lecithin
- 10% Kohlehydrate
- Vitamine: A, B_1, B_2, B_6, B_{12}, E, F, K, besonders viel D
- Mineralien: Kalzium, Chlor, Fluor, Kalium, Kupfer, Kobalt, Mangan, Magnesium, Jod; besonders zu nennen sind Kupfer und Zink und extrem hohe Anreicherung von Eisen
- Ätherische Öle
- Cholin, Betain, Gerbstoffe
- Enzyme und Hormone

Vom Samen zur Sprosse

- Keimmethode: im Glas oder im Bio-Snacky
- Einweichzeit: 6 Stunden
- Temperatur: ca. 20 Grad
- Spülen und Wässern: 2mal täglich
- Ernte: nach ca. 1–2 Tagen
- Ertrag: 1 Tasse Samen ergibt 1½ Tassen Sprossen.

Wandlung und Steigerung der Inhaltsstoffe

Während des Keimens werden alle Inhaltsstoffe durch den Enzymprozeß gewandelt. Vitamine und Hormone vermehren sich nicht nur, sie bilden sich auch neu. Komplexe organische Verbindungen werden in eine leichter aufnehmbare Form umgewandelt.

Anmerkungen für den Sprossengärtner

Der milde Geschmack des Kerns kann umgehend bitter werden. Oft reichen 24 Stunden für die Auskeimung. Für die Sprossenzucht werden im Gegensatz zur Grünkrautzucht nur geschälte Samen verwendet.

Vom Samen zum Sonnenblumengrün

- Anbaumethode: in Erde, im Hydrogerät
- Einweichzeit: 12 Stunden
- Temperatur: ca. 18 Grad
- Besprenkeln: 4mal täglich
- Ernte: zwischen dem 8. und 12. Tag
- Ertrag: 4 EL Sonnenblumenkerne (ungeschält) auf einem Teller (20 cm Ø) oder im Hydrogerät ergeben ca. 3 Tassen Grün.
  1 Tablett (33 x 20 cm) mit 1–2 Tassen Sonnenblumenkernen ergibt 6 Tassen Sonnenblumengrün.

Die Wachstumsphasen des Sonnenblumengrüns

Wandlung und Steigerung der Inhaltsstoffe

Während der Chlorophyllbildung kommt es zur generellen Aufwertung der Inhaltsstoffe und zum Aufbau von Eiweiß. Mit der Grünung werden die sonnenlichtwertigen Potentiale erhöht, das bedeutet Gewinn von Kraft und Energie durch das nährende Sonnenblumengrün.

Anmerkungen für den Grünkrautgärtner

In den ersten Tagen der Entwicklung kann es zu sehr unterschiedlichen Auskeimungsergebnissen kommen. Besonders in der kalten Jahreszeit ist wohlige Wärme und Feuchtigkeit für das beginnende Pflanzenwachstum nötig.
Die kleinen Pflanzen verlieren nach dem 12. Tag ihren Nußgeschmack.

Triticum sativum

Geschichte

Als Staatsmann ist nur qualifiziert, wer sich auf die Fragen des Weizens versteht.

Sokrates (469–399 v. Chr.)

Weizen – dein Korn macht Geschichte – und große Geschäfte. Als vor 6000 Jahren in Ägypten das Brot »erfunden« wurde und Gerste wie Hafer nicht den rechten Kleber lieferten, wurde Weizen schnell zum König unter den Brotgetreiden. Doch wer züchtete den Weizen aus seiner wilden Form?
Archäologen fanden ihn in Hökkergräbern, in den Ziegeln der Dashu-Pyramide 3000 v. Chr. und in China um 2700 v. Chr. Der älteste Fund eines karbonisierten, das heißt in Steinkohle übergegangenen Korns ist ein Einkorn und stammt von einer Weizenart aus Cata Hüyük im südlichen Anatolien. Sein Alter wird auf 6700 v. Chr. geschätzt. Eines gilt als sicher: Der heutige Weizen entwickelte sich über Jahrtausende durch planerische Auslese. Mit einer Unzahl von Varianten bescherte er uns bis etwa vor 20 Jahren in seiner Anpassung an die verschiedensten Böden und Wetterbedingungen eine auf die jeweilige Landschaft bezogene Körnerfrucht. Heute zeigt sich besonders beim Weizen der Verlust der Artenvielfalt in krasser Form. In Kanada bringen zum Beispiel lediglich vier Sorten 75% der gesamten Ernte. In Griechenland gingen in den letzten 40 Jahren 95% der einheimischen Weizensorten verloren. Eine gigantische Einschränkung hat stattgefunden. Der Weizen ist heute auf nur wenige sogenannte Hybrid- und Wundersorten reduziert. Seine hohen Erträge erzeugen Überschüsse bei verminderter Qualität. (6)

Charakteristika

Der Weizen gehört zur Familie der Süßgräser. Seine frühzeitlichen Kulturformen waren: Emmer, Spelt, Einkorn, gemeiner Weizen und Zwergweizen.

Medizinische Wirkung

»Der Weizen und sein Mehl haben eine Kraft zu mildern, zu heilen und zu zeitigen«, sagt Jacobus Theodorus 1732 in seinem Kräuterbuch. (58)
Heute ist die beste Art, die Heilwirkung des Weizens zu nutzen, ihn als Gras wachsen zu lassen. Weizengrassaft enthält bis zu 70% Chlorophyll. Er hat einen maximalen Enzymgehalt. Der amerikanische Ernährungswissenschaftler Krebs

fand heraus, daß der Laetrilgehalt in Sprossen und Grünkraut bis zu 100mal höher ist als in den Samen. Laetril (Vitamin B_{17}) gilt als Anti-Krebs-Vitamin. Es zerstört Krebszellen, ohne gesunde Zellen anzugreifen.

Inhaltsstoffe

Samen
- 12% Protein
- 2% Fett
- 1,9% Rohfaser
- 69% Kohlehydrate
- Vitamine: B_1, B_2, Niacin, Panthotensäure, B_6, C, viel E
- Mineralien: Kalium, Natrium, Magnesium, Phosphor, Schwefel, Chlor, Eisen, Mangan, Kupfer, Kobalt, Zink, Jod, viel Kalzium

Vom Samen zur Sprosse

- Keimmethode: im Glas
- Einweichzeit: 12 Stunden
- Temperatur: ca. 20 Grad
- Spülen und Wässern: 2mal täglich
- Ernte: nach 2–3 Tagen
- Ertrag: 1 Tasse Körner ergibt 3–4 Tassen Sprossen.

Wachstumszyklus bis zur Ernte

Wandlung und Steigerung der Inhaltsstoffe

Während des Keimens werden alle Inhaltsstoffe durch den Enzymprozeß gewandelt. Vitamine und Hormone vermehren sich nicht nur, sie bilden sich auch neu. Komplexe organische Verbindungen werden in eine leichter aufnehmbare Form umgewandelt. Der Vitamin-C-Gehalt steigt zum Beispiel um 600%.

Anmerkungen für den Sprossengärtner

Die Länge des Keimes sollte nie länger sein als die Länge des Korns. Während des Wachsens entstehen an den kleinen Wurzeln pelzige Nebenwurzeln, die nicht als Schimmelbildung angesehen werden sollten.

Steigerung des Vitamin-B-Komplexes bei Weizensprossen (59):

Vitamine	Samen	Sprosse
B_1	7	9
B_2	1,3	5,4
B_3	62,0	103,0
B_5	7,6	12,6

Vom Samen zum Weizengras

- Anbaumethode: im Hydrogerät
- Einweichzeit: 12 Stunden
- Temperatur: 18 Grad
- Besprenkeln: 2mal täglich
- Ernte: nach 12 Tagen
- Ertrag: Bei einem Tablett (33 x 20 cm) ergeben 1½ Tassen Samen ca. 5–6 Hände voll Grün. Bei einem Teller (20 cm Ø) oder im Hydrogerät ergibt ½ Tasse Samen 1½ Tassen Weizengras.

Wandlung und Steigerung der Inhaltsstoffe

Während der Chlorophyllbildung kommt es zur generellen Aufwertung der Inhaltsstoffe und zum Aufbau von hochwertigem Eiweiß. Mit der Grünung werden die sonnenlichtwertigen Potentiale erhöht. Das bedeutet Gewinn an Energie für natürliche Heilungsvorgänge.

Dr. Chui-Nan Lai vom Texas System Cancer Center bestätigt die krebshemmende Wirkung des Chlorophylls.
Als er Bakterien mit krebserregenden Chemikalien impfte und sie mit Extrakten aus Weizen-, Mung- und Linsensprossen zusammenbrachte, wurde die Krebsbildung um 99% reduziert.

Inhaltsstoffe (%)	Samen	Weizengras
Trockenmasse	100	100
Protein	15	21
Ätherische Öle	4,21	5,2
Faserstoffe	11,71	26,11
Pottasche	3,22	3,9
Kalzium	0,063	0,238
Phosphor	0,360	0,509
Karotin (mg)	0	39,067
Vitamin E (mg)	17,95	48,87
Vitamin B_1 (mg)	1,96	22,29
Vitamin B_2 (mg)	3,14	12,86
Vitamin B_3 (mg)	7,18	103,96
Vitamin C (I.E.)	0	4366,5

Die Wachstumsphasen des Weizens

Anmerkungen für den Grünkrautgärtner

Trotz großer Sauberkeit kann es besonders bei der Anzucht auf Tuch zu Schimmel kommen. Hervorragend ist meine Erfahrung mit dem Hydrogerät. Sobald die Wurzeln so weit nach unten ausgerichtet sind, daß sie einen Halt in der Perforierung haben, dusche ich den Weizen zweimal täglich ausgiebig. Das Wasser in der Hydroschale kann nach dem Abkochen mit Heilerde angereichert werden (1 TL auf 1 Liter).

Samen für die Sprossenzucht

- Adzukibohne
- Bockshornklee
- Buchweizen
- Erbse
- Gerste
- Hafer
- Hirse
- Kichererbse
- Kürbis
- Leinsamen
- Linsen
- Mungbohnen
- Roggen
- Sesam
- Sojabohnen, gelb
- Sonnenblume
- Weizen

nweichzeit in Std.	Ernte nach ca. Tagen	Samenmenge, um 1 Tasse Sprossen zu erhalten
18	4	1/4 Tasse
8	2	1/4 Tasse
–	2	1/3 Tasse
12	3	3/4 Tasse
8	3–4	1/2 Tasse
–	3–4	1/2 Tasse
12	3	1/2 Tasse
18	3	1/3 Tasse
12	3	1/2 Tasse
–	2–3	1/2 Tasse
12	2–3	1 EL
12	3	1 EL
12	3	1/2 Tasse
8	1–2	1 EL
16	4	1 EL
6	1–2	1 Tasse
12	2–3	2 EL

Samen für die Grünkrautzucht	Einweichzeit in Std.	Ernte nach ca.Tagen
Bockshornklee	8	8
Buchweizen	16	12
Gerste	8	12
Hafer	–	12
Kresse	–	6
Luzerne	8	7
Rettich	8	7
Roggen	12	12
Senf	8	8
Sonnenblume	12	8–12
Weizen	12	12

»Leben läßt sich nur am Leben selber messen«, sagen die Wissenschaftler Simson und Pottenger. Untersuchen wir also eine Sprosse nach ihren analysierbaren Einzelstoffen: Proteine, Kohlehydrate, Fette, Vitamine und Mineralien, so wissen wir nur sehr wenig. Ihr biologischer Wert, der die eigentliche Qualität eines Nahrungsmittels ausmacht, ist nicht verifiziert.

Der Antrieb allen Lebens ist eine das ganze Weltall durchdringende Lebensstrahlung unbekannter Herkunft.
Im Samenkeimling manifestiert sie sich als Lichtausstrahlung, die innerhalb der Auskeimung zunimmt.

ımenge, um
ısse Grün
erhalten

1 EL
¼ Tasse
½ Tasse
½ Tasse
1 EL
5 EL
2 EL
½ Tasse
3 EL
1 EL
½ Tasse

Aber wie ist Leben – oder die Energie, die im Sinne von Bircher-Benner einer Nahrung die »Ordnung« mitgibt – zu messen?

Schauen wir zunächst kurz zurück. Der Mensch archaischer Zeiten mit der Natur verwoben und verquickt, verstand sie auf intuitive Weise zu erkennen. Ja, zum Schutz und Selbsterhalt war die Vorahnung und das »Seherische« höchst ausgeprägt. Diese Gabe ist bei uns verkümmert. Allein einigen wenigen ist es auch heute noch gegeben, die Aura von Mensch, Tier und Pflanze zu sehen. Der strahlende Lichtkranz – und das ist seit alters her bekannt – gibt Auskunft über seinen »Kern«. Je nach Dichte und Farbe geben Größe und Verästelung der Aura Auskunft über den Zustand des Lebewesens.

Seit Anfang unseres Jahrhunderts bemühen sich Wissenschaftler, »Leben« neu zu interpretieren und es auch sichtbar zu machen. Aus der Wirkung der elektromagnetischen Felder lernte man zum Beispiel, wie das Wachstum von Organismen beeinflußt werden kann.
Anders der englische Arzt Dr. Walter Kilner, er machte als erster die menschliche Aura auf einer mit Dicyanid gefärbten Glasscheibe sichtbar.

Die einschlagendste Vorgehensweise, den menschlichen Lichtschein, den odischen Kranz festzuhalten, gelang dem sowjetischen Ehepaar Semjon und Valentin Kirlian.
Sie konzipierten die »Elektrofotografie im Hochfrequenzfeld«.

Weizenkeim nach 3 Tagen.

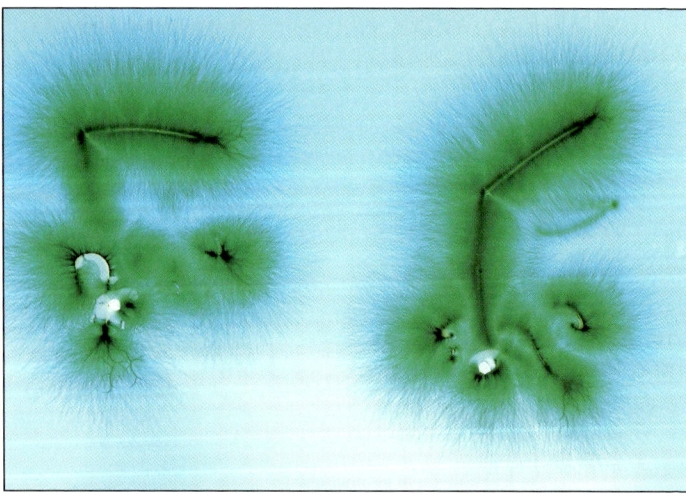

Weizenkeim nach 5 Tagen. In dieser Kirlian-Fotografie zeigt sich der ausgefahrene Sproß in seiner Aufrichtung nach oben.

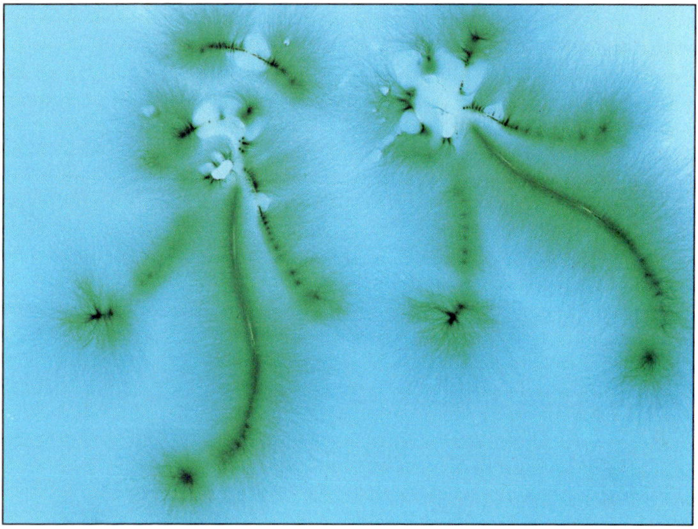

*Weizenkeim nach 6 Tagen.
Die Lichtausstrahlung wird hier an den nach unten ausgefahrenen drei Wurzeln besonders stark sichtbar.*

*Das Sichtbare haftet am Unsichtbaren
Das Hörbare am Unhörbaren
Das Fühlbare am Unfühlbaren
Das Denkbare am Undenkbaren.
(unbekannt)*

Das heißt, sie schufen eine Methode (und das ohne Fotoapparat und Linse), die von lebenden Objekten ausgehende Strahlung auf Fotopapier zu reproduzieren.

Während sich heute immer noch die verschiedensten Wissenschaftler darüber streiten, welche Art von Licht sich innerhalb der Kirlianfotografie manifestiert, haben andere aus der Elektrofotografie ihren Nutzen gezogen und setzen sie zur

- Prophylaxe,
- Diagnose und zur
- Qualitätsmessung für Lebensmittel ein.

Innerhalb von Zerfallskurven kann dargestellt werden, wie eine Pflanze durch Lagerung oder Erhitzung verkümmert und stirbt – ihr Strahlenkranz sich aushaucht.

Wenn also Nahrung nicht vorwiegend Kalorienträger ist, sondern an erster Stelle

- Energie
- Information
- Sender,

so ist der Rückschluß gegeben, daß die Pflanze bzw. die lebensfrischen Sprossen sowie das Grünkraut ein Medium sind, uns Energien »höherer Ordnung« zuzuführen.

Ob Kirlianfotografie oder Biophotonenmessung, beide Methoden geben die Möglichkeit neuer Wertung. Ihre Resultate bestätigen sich gegenseitig, obwohl verschiedene Lichtausstrahlungen gemessen werden.
Diese Entdeckungen basieren auf der Erkenntnis, daß alle Existenz einem umfassenden Energieprinzip unterliegt. Auf diesem Weg der Untersuchung werden Leben und Gesundheit in den großen Zusammenhang gestellt und das Lebensmittel erscheint uns in einem neuen Licht – im Licht der Ganzheit.

Ich danke Herrn Dr. F. A. Popp für die Anfertigung der Kirlianfotografien der Weizenkeime.

Die Aufnahmen entstanden im:
Labor für Strahlungsanalysen
Dr. Popp Technologie-Centrum
Opelstraße 10
6780 Kaiserslautern

Weizenkeim nach 7 Tagen (1:1) ▶

Bockshornklee

Die Vielzahl der Tabellen verwirrt. Einweichen – abgießen – befeuchten: ein fester Stundenplan für den Anfänger. Tage des Wachens und Beobachtens. Die Sprossenzucht verspricht einfache Handhabung, doch hier artet sie scheinbar in Arbeit aus. Die Anleitungen lesen sich komplizierter, als die Ausführung tatsächlich ist. Für den Anfang ist ihre Einhaltung notwendige erste Übung und zur Vorsicht gedacht. Später, mit sensibilisierter Achtsamkeit und Erfahrung, wird uns die Sorge um unsere Pflanzen

zur zweiten Natur und erfolgt intuitiv richtig. Wir wissen es ganz genau: Pflanze und Mensch bilden eine Symbiose, eine Beziehung zum gegenseitigen Nutzen innerhalb der unendlichen Naturgeschichte.
Nach überlieferter Anschauung gilt der gesamte Kosmos als ein belebter Körper – beseelte Natur auch er. Das ist eine Vorstellung, die für ganzheitlich denkende Naturwissenschaftler als Erklärung eines veränderten Weltbildes, eines »vernetzten« Denkmodells dient. Heute ist die Kommunikation mit Natur allgemein schwer geworden und nur durch ein großes Maß an Einfühlung und Übung möglich. Das heißt: Wir müssen uns darum bemühen. Das innere Sprechen von Pflanze zu Mensch zum Beispiel ist nur den wenigen Glücklichen angeboren, die mit dem sogenannten grünen Daumen auf die Welt kommen und so mit den Pflanzen im gleichen Schwingungsfeld stehen.
Aus den Erfahrungen in Findhorn – einer ungewöhnlichen Kommune im nördlichen Schottland, wo auf kargem Boden die prächtigsten Gemüse und seltene Blumen wachsen – stammen folgende Gedanken: »Der wichtigste Beitrag, den ein Mensch im Garten leisten kann – noch wichtiger als Wasser oder Kompost – sind die Wellen, die bei der Bearbeitung in die Erde eingebracht werden, darunter auch Liebe... Die Pflanzen werden dauernd durch Einflüsse aus der Erde und vom Kosmos berührt, und alle diese Einflüsse sind bedeutender als chemische Elemente oder mikrobiotische Organismen. Es handelt sich um Wellen, die in erster Linie aus dem menschlichen Geist stammen. Die Menschen scheinen die Rolle von Halbgöttern zu spielen. Durch Zusammenarbeit mit der Natur sind die Möglichkeiten für das Erreichbare grenzenlos auf diesem Planeten.« (25)

Das alles ist kein Geheimwissen. Aber es gibt unterschiedliche Formen der Annäherung.
Robert Sheldrake, der englische Biochemiker, findet eine wissenschaftliche Antwort auf ungelöste Fragen in der Biologie. In seinem Buch »Das schöpferische Universum« durchbricht er den orthodoxen Ansatz der Naturkunde und verweist darauf, daß die Phänomene des Lebens nicht ausschließlich mit Begriffen der Chemie und Physik erklärt werden können. Er vertritt die These der »morphogenetischen Felder«, das heißt, daß unsichtbare Strukturformen und Verbindungen, die die gesamte Schöpfung steuern. Diese sogenannten Felder er-

scheinen, im Vergleich mit den geläufigen Maßstäben der Wissenschaft, unabhängig von Zeit und Raum wirksam und gleichzeitig beeinflußbar.
Seit den sechziger Jahren sind Forscher an den verschiedensten Orten der Erde auf der Suche nach »höheren Bauplänen« für die Natur. Und ob es die Hypothese, daß alle Energie Geist ist, betrifft oder die Annahme, die besagt, daß alle kosmische Kommunikation sich als Bioenergie äußert: all diesen Gedanken ist eigen, daß die Wunder der Pflanzenwelt eine neue Sehweise erfordern.

Leben kann wohl kaum chemisch interpretiert werden, da es keinesfalls auf einer Kombination von Elementen beruht, sondern auf dem, was eben diesen Elementen voranging.
R. Hauschka in
»The Nature of Substances«

Zurück zum Zimmergarten. Das Für und Wider einer gewandelten Naturbetrachtung mag vor der Praxis verstummen. Der tägliche Umgang mit Bioenergie aus dem Zimmergarten wird zur persönlichen Erfahrung und macht jeden auf ungewohnte Art mit seinem »vegetabilen« Unbewußten bekannt.
So wollte es auch Rousseau verstanden wissen, als er sagte: »Man muß seinen inneren Garten bestellen.«

Die Erkenntnis, daß alles miteinander verbunden ist und weder eine Tat noch ein Gedanke auf dieser Welt wirkungslos bleiben, läßt die Pflanzen im Zimmergarten zum Medium werden, das die Verbindung mit dem »großen Gedanken« herzustellen in der Lage ist.
Das hat nichts mit Idylle im sentimentalen Sinne zu tun.
Den inneren Garten zu bestellen, ist Arbeit.
Es bedeutet die Bereitschaft zu neuem Lernen. Hier und jetzt.

Noch glauben, daß der Mond auf die Pflanze wirke, verrät Dummheit und Aberglaube, aber es wieder glauben, zeugt von Philosophie und Nachdenken.
Christoph Lichtenberg (1742–1799)

Suchst du das Höchste, das Größte? Die Pflanze kann es dich lehren. Was sie willenlos ist, sei du es wollend – das ist's!
Friedrich von Schiller (1759–1805)

III

Rezepte aus dem Reich des Lebendigen

Wenn die Gesundheit fehlt, kann die Weisheit sich nicht zeigen, die Kunst nicht offenbar werden, die Kraft den Kampf nicht aufnehmen, der Reichtum nicht nützen, der Verstand sich nicht auswirken.
(Herophilos von Alexandria, griechischer Mediziner der hippokratischen Schule, 3. Jahrhundert v. Chr.)

Die Freude an gutem Essen und Trinken gehört zum Menschen und ist allen Völkern zu allen Zeiten eigen.
Abgesehen von den prunkvollen Gelagen der oberen Gesellschaftsschichten blieb der Mensch – wenn auch öfter der Not als Neigung gehorchend – seinen Eßgewohnheiten treu. Einfache Speisen wie Getreide, Erbsen, Bohnen, Linsen, die Früchte des Feldes, machten ihn satt und zufrieden.
Aufbereitungsarten wie Dörren, Trocknen und Gären waren über Jahrtausende die spärlichen Eingriffe in das von Gott gegebene »tägliche Brot«. Weit häufiger als wir uns heute vorstellen, wurden Speisen in ungekochter Form verzehrt. Allen voran die Urnahrung, der Getreidebrei.

Das Feuer, so läßt sich an der Entwicklungsgeschichte ablesen, hatte seine besondere Bedeutung für die Zubereitung von Fleisch. Die unter das Beutetier gelegte Fackel des Prometheus machte den Kadaver genießbar – verfeinerte ihn zu raffiniertem Braten.

Heute wirkt ein riesiger Maschinenpark auf unsere Nahrung ein. Da wird pasteurisiert, homogenisiert, schockgefroren, pulversisiert, poliert und strahlenkonserviert. Etwas wird entzogen und dann künstlich wieder zugeführt.

Diese Abkehr von der Tradition schlich sich im 18. Jahrhundert mit der experimentellen Wissenschaft und den entsprechend technischen Entdeckungen auch in unsere Küchen ein. Das, was am Anfang vermeintliche Hilfe und Arbeitserleichterung war, entpuppt sich zunehmend als Angriff gegen unsere Nahrung bzw. gegen uns selbst.
Ein gefährlicher Bumerang.
Unsere gegenwärtige, von den natürlichen Quellen so weit entfernte Nahrung macht uns krank und führt mehr als wir ahnen zur Degeneration – und oft genug zur schleichenden Invalidität.

Neben einer Unzahl von Kochbüchern, die zur Aufarbeitung unserer synthetischen Nahrung anleiten, treten noch andere Erscheinungen ins Bild. Immer mehr Menschen verspeisen den größten Teil ihrer Nahrung außer Haus.
Wir »ziehen uns das Essen rein«. Oft im Stehen – oft allein: Fertignahrung, Kantinenessen, Schnellimbiß, Mensa, McDonald's an der Ecke. Selbst nette Speisestuben tauen ihr »Naschwerk« in den Mikrowellen der flotten Rentabilität. Über allem schwebt die Hast: Der Nächste bitte.
Das Einverleiben verläuft ganz rationell. Schnell – schnell. Eine Nation geht essen, trinkt Cola und Glykol. Eßkultur?

Sonnenblumengrün
Rezept siehe S. 296

Das Wort Kultur ist abgeleitet aus dem Lateinischen »colere« – hegen und pflegen, bebauen, tätig verehren. Dann wird das Wort zu »agricultare«. »Agricola«, der Bauer.
Unsere Kultur ist aus der Erde gewachsen im Hegen und Pflegen. Gewachsen aus dem Reichtum der Agrikultur.
Sprechen wir von Eßkultur, so müssen wir ihr eine neue Form geben, denn Kultur ist Gestaltung – Eßkultur ist Selbstgestaltung: sublimierte Sinnlichkeit im Einverleiben der Natur.
»Mein Körper ist derjenige Teil der Welt, den meine Gedanken verändern können. Im ganzen übrigen All können meine Hypothesen die Ordnung der Dinge nicht stören.«
Interpretiere ich diesen Satz von Immanuel Kant (1724–1804) für meine These, so ist die Nahrung der Gedankenträger und unser Körper derjenige Teil der Welt, den wir allein ändern können.
Rudolf Steiner, der Begründer der Anthroposophie, verdichtet diesen Gedanken zu der Aussage: »Du bist, was du ißt.«
Wie ißt du – in einer Zivilisation, in der die Technik den Eßkomfort bestimmt und »Junk-Food« überall in den funkelnden Regalen der Supermärkte lauert? Dort im Schlaraffenland der Machbarkeit prangen die Abziehbilder der Natur auf den Hochglanzpackungen.
Märchen und Mythen der Mutter Erde sind vergessen, verkauft die Rechte der Natur.
Wir haben Kultur und Agrikultur weitgehend aus der Hand gegeben, jetzt heißt es, uns besinnen.

Sprossen und Grünkraut werden eine neue Eßkultur einleiten. Sie eilen dem Zeitgeist voraus.
Durch die tägliche Hinwendung zur Natur im Zimmergarten, gleich einer Exerzitie, ist Naturerkenntnis zu üben, ohne die Eßkultur und Gesundheit nicht möglich sind. Die Küche der Sprossen ist eine Küche, die sich ständig ereignet. Sie wächst – und wir wachsen mit.

Wenn unsere inzwischen verkrustete Anteilnahme an der Natur aufbricht und wir wieder die Natur in uns zulassen, werden wir im »tätigen Verehren«, im »Hegen und Pflegen« begreifen, daß auch wir Natur sind, zugehörig zur Gesamtordnung im Kosmos.
Was wir in unserem Inneren begreifen, bestimmt, wie wir außen handeln.
Die an der Naturerkenntnis erfahrene Selbstentwicklung ist allein durch die Tat zu erfassen – nicht aus Büchern zu lernen.

Die neue Eßkultur ist zwangsläufig eine ökologische Küche. Wir speisen in Harmonie mit der Natur. Die Küche der Sprosse ist schlicht und grün und verlangt, daß ein Teil der Nahrung selbst gepflanzt wird.

Nicht der Schrei nach giftfreier Nahrung verändert – sondern die Arbeit im Zimmergarten mit ihrer Anbindung an die Natur.

Erkennen – erleben – gestalten.

Für den französischen Völkerkundler Claude Levi Strauss beginnt der Prozeß der Zivilisation mit dem Übergang von roher zu gekochter Speise.
Eine solche Feststellung vermittelt zwar den Atem historischer Weichenstellung. Aber die Realität des alltäglichen Lebens trifft sie nur ungenau.
Zweifellos ist das Feuer zu einem wohlbehüteten Zentrum im Leben des Menschen geworden, der Herd im Haus zum wärmenden Mittelpunkt, auf dem dann auch gekocht und gebraten wurde.
Vor allem und in erster Linie für die Haltbarmachung des Fleisches zeigten sich die konservierenden Zubereitungsarten über und in der Glut als nützlich und ermöglichten Vorratswirtschaft.
Aber – und das ist die andere Seite des geschichtlichen Bildes, die durch die hohe Einschätzung des Feuers unterbewertet, mehr noch, vergessen wurde: Es hat gleichzeitig immer auch die »kalte Küche« gegeben. Die Tradition der mit Wasser angerührten Körner, des Getreidebreis, ist nie unterbrochen worden – bis in die jüngere Vergangenheit. In weit größerem Maße, als uns das heute bewußt ist – und von uns praktiziert wird –, waren rohe Früchte in großer Vielfalt Bestandteil der Nahrung.
Dieser Zusammenhang macht bewußt, daß es so etwas wie Ur-

nahrung durch alle Geschichtsläufe gab – und gibt.
Allen Konservenbergen und komplizierten Köchelergebnissen zum Trotz...

Darüber hinaus sollten wir jedoch auch bedenken, daß die Menschen früherer Zeiten sich vorwiegend, oder zumindest sehr viel im Vergleich zu uns, im Freien (und das war eine andere Natur als unsere Umwelt!) aufhielten. Sie tankten mit dem Sonnenlicht die notwendigen Energien – ein Vorgang, den wir aus unserem Leben, bis auf wenige Urlaubstage, ausgeklammert haben und der auch mit Sonnenbänken nicht auszugleichen ist.

Auf einem langen Weg kultureller, sozialer, gesellschaftlicher Veränderungen insgesamt entwickelte sich eine Ernährungsweise, die mehr und mehr das Kochen der Speisen in den Vordergrund und die rohe Kost beiseite stellte.
Wie hieß es doch in noch gar nicht so lange zurückliegenden Zeiten: »Einmal am Tag muß der Mensch was Warmes essen.« In unseren Tagen zeichnet sich – aus vielen Gründen – mit zunehmener Beschleunigung ab, daß der Mensch sich wieder auf den Anfang besinnt. Und zwar nicht aus nostalgischem, sentimentalem Anlaß, sondern aus einem veränderten Bewußtsein.
Zu Beginn unseres Jahrhunderts gab es eine Reihe kämpferischer Naturärzte, die bewußt auf eine natürliche Ernährung zurückgriffen. »Natürlich« bedeutet: sehr viel Ungekochtes, frische, lebendige Lebensmittel.
»Die Lebendigkeit der Nahrung ernährt die Lebendigkeit deines Körpers«, sagt Bircher-Benner. Nicht seine Theorie, aber das Müsli – das rohe Frühstück – ist weltweit bekannt.

Mit dem Begriff Rohkost prägte sich der Begriff »Heilnahrung«. Der Nobelpreisträger Erwin Schrödinger (1887–1961) spricht von einem »fortwährenden Aufsaugen von Ordnungen aus einer hohen Ordnungsstufe«. Frische Pflanzennahrung aus lebendigem, humusreichem Boden hat diese Ordnungskraft. (47)
Auch Waerland, Kollath, Bruker und Leitzmann bezeichnen ungekochte Nahrung, also Rohkost, als das wichtigste Lebensmittel.

F. A. Popp drückt es anders aus: »Bemühungen, Lebensmittel allein aus der Kalorienmenge und den Ergebnissen der biochemischen Analytik ermessen zu wollen, sind wie der Versuch, die Qualität eines Konzertes aus dem Gewicht und dem Material des

Musikinstrumentes zu erschlüsseln.« (47)
1979 gelang es ihm als erstem, anhand elektronischer Messungen die Lebendigkeit in Pflanzen sichtbar zu machen und dieses besondere Kriterium der lebendigen Nahrung auszuwerten.
In Sprossen geht es um zwei wesentliche Faktoren:

1. Um die Enzyme, die allein in sehr frischen Pflanzen zu finden sind, und
2. um die sogenannten sonnenlichtwertigen Potentiale, sprich Chlorophyll.

Enzyme werden durch Erhitzung (über 40 Grad), lange Lagerung und durch Luftzufuhr zerstört. Werden sie jedoch mit der Rohkost gegessen

- regeln sie die Verdauung und sorgen für ein sauerstofffreies Milieu im Darm und damit für eine gesunde Darmflora,
- sind sie Zündstoffe für den Stoffwechsel,
- liefern sie uns Coenzyme und »entschlüsseln« Vitamine, dazu Mineralien und Spurenelemente, die an sie gekettet sind.

Im grünen Blatt – Bircher-Benner nennt es »Sonnenlichtsammler« – finden wir sonnenlichtwertige Potentiale mit mikroelektrischen Spannungen. Auch das grüne Blatt ist reich an Enzymen und den dazugehörenden Vitalstoffen. Sie verflüchtigen sich beim Kochen im Dampf.

Keine Nahrung ist so lebendig wie die Sprosse und das Grünkraut. Stören wir ihre Ordnung nicht und speisen sie roh, ungekocht. »Alles Lebendige«, sagt Walter Ostertag, »ist miteinander verbunden innerhalb einer kosmischen Lebensstrahlung.« (42)
Gekochte Nahrung ist tote Nahrung. Sie kann im Ordnungsplan der Natur nicht mehr senden, das heißt, sie hat ihre Ordnungselemente, die kraft- und lebenserhaltend sind, verwirkt.
Nur Leben kommt vom Leben, und es kommt nicht auf den Kaloriengehalt in Nahrungsmitteln an, sondern auf ein Höchstmaß der Naturbelassenheit, sprich Lebendigkeit.

Ungekochte Nahrung erhöht die mikro-elektrischen Kräfte im Körper. Zellen werden angeregt und somit der gesamte Stoffwechsel. Das bedeutet: Steigerung unserer Immunstärke und Widerstandskraft, erhöhte Heilchance, geistige Vitalität und Schönheit. Es geht nicht um die ersehnte Verlängerung des Lebens, sondern um eine größtmögliche Intensität des Jetzt und Hier, will sagen: unserem Leben mehr Leben geben!

Neuerdings berichten Zeitungen immer häufiger über natürliche Gifte in Pflanzen. Diese Pressenachrichten verunsichern. Oft sind sie nicht auf dem letzten Stand der wissenschaftlichen Untersuchungen. Aufklärung tut not.
Hülsenfrüchten zum Beispiel sind Spuren natürlichen Giftes mitgegeben. Eines davon ist das Trypsin. Es wird bei der Sprossenzucht bzw. bei der Grünkrautzucht aufgespalten und abgebaut. Kochen ist nicht nötig. Ein weiteres ist das Hämagglutinin in Kichererbsen und Erbsen. Es wird ebenfalls im Keimprozeß eliminiert. Entgegen vorsichtigen Ratschlägen in meinen Taschenbüchern, in denen ich vorbeugend ein leichtes Dämpfen empfohlen habe, gibt es nun nach allerneuesten Erkenntnissen »grünes Licht« für den Verzehr roher Hülsenfrüchte.

Unausgereifte Luzerne

Die Keimung baut nicht nur die Qualität des Samens auf, sie ist auch ein Sicherheitsfaktor. Während der enormen Enzymsteigerung innerhalb des Keimprozesses werden nicht nur Substanzen wie Trypsin, sondern auch das Phytin des Weizens und das Canavanin der Luzerne abgebaut.

Außerdem:
Wer den unterschiedlichen Aussagen mit Vorsicht begegnen möchte, dem empfehle ich, die sogenannten schweren Hülsenfrüchte wie: Gartenerbse, Kichererbse, Sojabohne kurz zu erhitzen, jedoch nie länger als fünf Minuten über Dampf oder als Beigabe in Suppen und Eintöpfen. Der Geschmack der Sprosse verändert sich minütlich. Ihre Lebendigkeit, ihre Energie und ihre Heilkraft werden beeinträchtigt. (29)

Der Anteil der gekochten Nahrung in der Küche der Sprosse beträgt etwa 25%. Das ist keine Vorschrift, vielmehr eine Empfehlung und basiert auf der Erkenntnis Bircher-Benners und seiner Nachfolger, die den Gedanken der »lebendigen Nahrung« weitertrugen. Getreide werden in sprudelndem Wasser angekocht und auf kleinster Flamme »nachgereift«. Sie sind besonders am Abend wichtige Zutat zur frischen Kost.

Wichtig ist:
Die in den Tabellen und Bildern angegebenen Reifezeiten einzuhalten und die Sprossen nur dann zu essen, wenn sie ausgereift sind.

Achtung:
Rote Kidneybohnen, Mond- und Feuerbohnen werden in der Sprossenzucht nicht verwendet. Zum Verzehr müssen diese Hülsenfrüchte gekocht werden.

Die folgende Tabelle verdeutlicht den Vitaminverlust beim Kochprozeß (34):

Vitamin	Verlust
A	10–30%
B_1	25–45%
B_2	40–48%
B_{12}	45–55%
C	70–80%
D_2	gering
E	50%
Biotin	bis 72%
Pantothensäure	bis 44%
Folsäure	bis 97%
Inositol	bis 95%
Lecithin	vollständig

Du hast gerade gegessen,
und wenn das Schlachthaus
auch meilenweit weg ist
und ängstlich verschwiegen
– Du bist mitschuldig –

Ralph Waldo Emerson
(1803–1882)

Das Wort »vegetarisch« entstammt dem lateinischen Wort »vegetus« und heißt soviel wie: ganz gesund, frisch und lebendig und ist nicht zu verwechseln mit dem ebenfalls lateinischen Wort »vegetabilis« (wachstumsfähig), aus dem sich das spätere Wort »vegetable« (Gemüse) bildete. Unter dem Vegetarier, so will es die britische vegetarische Gesellschaft mit der Kreation des Wortes verstanden wissen, handelt es sich um Menschen, die kein Fleisch, Fisch und Geflügel, wohl aber tierische Produkte wie Milch, Eier und Käse speisen. Inzwischen ist der Begriff verdeutlicht. Der Lactovegetarier verwendet Molkereiprodukte, der Lacto-Ovovegetarier Molkereiprodukte und Eier, und der Vegan ißt allein pflanzliche Kost. Schon lange vor dem Zusammenschluß der Vegetarier in England im Jahr 1842 hatten sich geistige Führer verschiedenster Kulturen gegen den Verzehr von Fleisch ausgesprochen: Buddha, Plutarch, Ovid, Pythagoras – um nur einige zu nennen. Allen gemein war der Gedanke des Mitgefühls und der Achtung vor dem Leben.
»Werdet ihr nicht der fluchbeladenen Schlachtung ein Ende bereiten, seht ihr nicht, daß ihr euch in blinder Unwissenheit die Seele selber zerstört?« Pythagoras.

Ähnlich wie Empedokles empfanden auch Leonardo, Einstein, Gandhi, Shaw und Thorau. Ihrer geistigen und künstlerischen Auseinandersetzung gaben sie praktischen Ausdruck mit dem Verzicht auf Fleisch.

Heute wird in bezug auf Fleisch überall ein Bewußtseinswandel spürbar. Es ist nicht allein die ethische Betrachtung, »denn es fühlt wie du den Schmerz«, wir haben auch die Giftablagerungen im Fleisch satt: Das tierische Protein aus der Massenschlachtung und Tötung im Minutentakt ist vollgepumpt mit Fremdstoffen. Es ist zu Aas verkommen. Das, was wir zwischen den Zähnen haben, ist gewürzt mit Wachstumsförderern, Hormonen, Antibiotika und Beruhigungsmitteln. Der Geschmack ist wässrig und fad bei nährstoffarmer Substanz.

In der Landwirtschaft wird mehr als die Hälfte der gesamten Anti-

biotikaproduktion der Arzneimittelindustrie verfüttert, heißt es in einer Veröffentlichung vom Verbraucherschutz in Hessen.
Neue Untersuchungen haben die Zusammenhänge zwischen der Eiweißüberernährung – dazu gehören auch Eier und Milchprodukte – und Herz- und Kreislauferkrankungen, Bluthochdruck, rheumatischen Erkrankungen und Hormonstörungen aufgedeckt. (42)
Der Mythos vom Fleisch gerät ins Wanken. Die einschlägige Literatur (zum Beispiel »Die Öko-Diät« von Frances Moore-Lappé) zeigt auf, daß die traditionelle Kombination von Hülsenfrucht und Getreide ein komplettes Protein ergibt.

Pioniere der Ernährungswissenschaft haben seit Anfang des Jahrhunderts darauf hingewiesen, daß pflanzliches Eiweiß ausreicht, um den Tagesbedarf, der sich innerhalb einer Vollwerternährung auf 30 Gramm reduziert, zu decken.
Kollath betont immer wieder, daß nicht die Menge des verzehrten Proteins entscheidend sei, sondern wieviel Eiweiß vom Körper aufgenommen wird. Alles andere nennt er »Heizen mit Luxusmöbeln«.

Bleibt die Frage nach der Versorgung mit Vitamin B_{12}, Kalzium und Eisen. Der vegetarischen Lebensweise wird immer noch das Fehlen der genannten Stoffe unterstellt. In einer Berliner Vegetarierstudie, die sich von 1981 an über fünf Jahre erstreckte, konnte keine Unterversorgung festgestellt werden. Vielmehr erfolgte eine bessere Ausnutzung bzw. bei Kalzium sogar eine Einsparung.
Das B_{12}, so wurde in einer englischen Untersuchung nachgewiesen, bildet sich nach einer Zeit des Übergangs im Körper selbst.
Eisen und B_{12}, so kann der Sprossen- und Grünkrautgärtner anfügen, sind in hoher Dosierung in den Früchten des Zimmergartens. Die hohe Zunahme an verfügbarem Protein ist von besonderer Bedeutung. Während sie nicht so aufsehenerregend ist wie die verzeichneten Zuwachsraten von Vitaminen, bildet die Zunahme jedoch einen wichtigen Hinweis für die Qualitätssteigerung des Samens, wenn er zum Keimen gebracht wird.

David A. Phillips sagt dazu: »... Der gleichzeitig verringerte Gehalt an Kohlehydraten läßt andeuten, daß viele Kohlehydratmoleküle während des Keimvorgangs aufgespalten werden, wodurch eine Aufnahme von Stickstoff aus der Luft und eine Umbildung in Aminosäuren (Protein) ermöglicht wird. Dabei handelt es sich um eine ganz wesentliche Umwandlung, nämlich um einen Aspekt des chemischen Prozesses, der als Autolyse bekannt ist und dem bisher in bezug auf eine verbesserte menschliche Ernährung und die Versorgung der wirtschaftlich schlechtgestellten Völker der Erde mit eiweißreicher Nahrung keine Beachtung geschenkt worden ist. Das dabei entstehende Protein ist von allen aus Nahrungsmitteln beziehbaren Proteinen am leichtesten zu verdauen.« (45)

Die Küche der Sprossen dient der Natur. Ethische und gesundheitliche Gründe müssen durch den Aspekt der Ökologie und der Welternährungskrise erweitert werden. Die Umwandlung von pflanzlichen Stoffen in tierische Produkte ist ein energetisches Verlustgeschäft. Den größten Teil der aufgenommenen Nahrung braucht das Tier zur Aufrechterhaltung seines eigenen Stoffwechsels. Nur ein geringer Anteil wird für die Bildung von Körpersubstanz umgewandelt, die uns zur Nahrung wird. **Zur Produktion von nur 1 kg Fleisch werden ca. 16 kg Getreide und Soja benötigt.**

Bei der Schweinemast gehen 70% der Nahrungsenergie verloren, bei der Erzeugung von Eiern 86% und bei der Hähnchenmast 94%.

5000 Quadratmeter Land erbringen einen Ertrag von:
600 Pfund Protein bei Grasanbau
370 Pfund Protein bei Hülsenfruchtanbau
269 Pfund Protein bei Weizen
90 Pfund Protein bei Milch
54 Pfund Protein bei Rindfleischzucht.

Für die Fleischgewinnung werden jährlich 400 Millionen Tonnen Getreide = 78% der Getreideernte verfüttert.
20 Millionen Tonnen pflanzliches Eiweiß werden der menschlichen Ernährung entzogen. Damit könnten 2 Milliarden Menschen in den Hungerländern das ganze Jahr ernährt werden! (Professor Dr. med. René Dumont, Welternährungssachverständiger, 6. 11. 1974)
Der Fleischverzehr ist nicht die Ursache aller Übel dieser Welt und eine vegetarische Revolution kein Allheilmittel. Die Verände-

rung unserer Eßgewohnheiten jedoch wäre eine Tat – anstelle der schönen Worte, die so konstruktiv klingen, aber nicht gelebt werden.

Wer so gesunde und harmlose Kost genieße, der könne nicht auf den Gedanken einer blutigen Revolution kommen, behauptete Jean Jacques Rousseau (1712–1778) und forderte die französische Regierung auf, den Genuß von »ethischem« Salat zu protegieren.

Vor Fanatismus wird gewarnt!

Wer seine Ernährung umstellen möchte, sollte es langsam tun. Von der Art und Weise, wie dieser Versuch geistig und seelisch vorbereitet ist, wird der Erfolg abhängen.

- Eine radikale Ernährungsumstellung bringt Verdauungsprobleme. Unser Körper revoltiert – und das mit Recht. Unsere Verdauungsorgane müssen sich langsam innerhalb eines sich steigernden Angebots an die ungekochte Nahrung gewöhnen.
- Nur langsam durchgeführte Veränderungen sind bleibend. Auch Seele und Geist müssen das Neue »verdauen«.
- Für den Anfang reicht es, eine Mahlzeit am Tag gegen einen großen Salatteller einzutauschen. Schon nach kurzer Zeit werden wir feststellen: Wir fühlen uns stark, und spielerisch läßt sich der Anteil der lebenden Nahrung vergrößern.

Der Wendepunkt

Das körperliche Wohlbehagen wird zum Antrieb für das neue Eßvergnügen.
Der Wandel ist so gut wie vollzogen, wenn Sie nicht mehr das Gefühl haben, auf etwas verzichten zu müssen. Sie erleben die lebendige Nahrung und werden stolz sein auf den Schritt zur Eigenverantwortung.

Anmerkung:
Wer trotz größter Umsicht Schwierigkeiten mit der Verdauung behält, wende sich an einen Arzt, der Erfahrung in der Naturheilkunde hat, um mit ihm über Möglichkeiten zur Unterstützung der Darmflora zu sprechen. Allerdings kann auch Fabrikzucker – der in Marmeladen oder Fruchtsäften enthalten ist – Urheber dieser Störung sein.

Wie innen, so außen

Unsere Umwelt reagiert auf unsere veränderte Ausstrahlung, und andere hinterfragen ihre eigenen Eßgewohnheiten. Es ist viel einfacher, mit gegenseitiger Anregung Neues zu lernen.
Wer innerhalb einer Ernährungsumstellung Heißhunger auf ein saftiges Steak oder sammetweiche Sahnetorte hat, soll sie mit Vernügen genießen. Das ist kein Grund für ein schlechtes Gewissen.
Eine langsame Ernährungsumstellung läßt Erinnerungen an alte Bekannte zu, akzeptiert sie und übt weiter.
Ausflüge in die lukullische Vergangenheit jedoch können schwer im Magen liegen. – Letztlich haben Sie sich nach dem Verzehr der neuen Kost wohler gefühlt.

Das Essen ist ein akzentuiertes Leben. *Novalis (1772–1801)*

Sprossenreste?
Sprossen können bei milder Hitze im Backofen sanft geröstet werden. Ihr Geschmack ist je nach Art süß und mild, pikant, herb oder bitter.

In der Küche der Sprossen fehlen:

- weißes Mehl und alles, was daraus gemacht wird,
- Zucker und jegliche Produkte, in denen er verwendet wird (Eis, Fertiggerichte, Fertigsaucen),
- raffinierte Öle, zum Beispiel Margarine,
- Obst- und Gemüsesäfte aus der Abfüllung,
- Molkereiprodukte und Eier.

Kümmel

Fenchel

Anis

Walnuß

Cashew-Nüsse

Mandeln

Haselnüsse

Kürbiskerne

Pinienkerne

Rosinen

Getrocknete Aprikosen

Getrocknete Pflaumen

Zutaten in der Sprossenküche

Meersalz

Knoblauch

1. Sprossen
2. Grünkraut
3. Obst, Gemüse und Salat, möglichst aus ökologischem Anbau
4. Getreide und Hülsenfrüchte
5. Agar-Agar, pulverisierte Meeresalgen anstelle von Gelatine aus Tierknochen. Das quellfähige Pulver ist ein wichtiges Darmtherapeutikum, hervorragend für die Sekretion. Es dickt Süßspeisen und Gemüsesülzen.
6. Bierhefe
7. Getrocknete Früchte, Rosinen, Aprikosen, Pflaumen, Datteln, Feigen – ungeschwefelt
8. Gewürzsamen, Fenchel, Dill, Kümmel, Anis (möglichst aus Deutschland)
9. Honig ist mehr Medizin als Zutat, bitte sparsam verwenden
10. Kelp, pulverisierte jodhaltige Algen, anstelle von Salz
11. Knoblauch
12. Nori, hauchdünn gewalzte Algen als Würze in Suppen oder Salate gestreut
13. Nüsse und Mandeln
14. Öle, kaltgepreßt (Sesamöl oder Olivenöl)
15. Ölsamen, Kürbis, Sesam, Sonnenblumen
16. Pasten, vergoren, aus Nüssen und Ölsamen
17. Tamari, Würze aus fermentierten Sojabohnen, im Gegensatz zur einfachen gefärbten, gesalzenen und aromatisierten Sojasauce
18. Tahini, Paste aus Sesamsamen und Öl
19. Tofu, Bohnenquark
20. Tafelwasser

Agar-Agar

Honig

Ingwer

Tamari

Es gibt überzeugende Belege für die Heilwirkung des Chlorophylls aus dem Grassaft, aber sind damit die Vorurteile gegenüber dem Neuen zu besiegen?

Noch kann man Grassaft, das grüne Manna, im Gegensatz zu Amerika und Japan bei uns nicht kaufen. Doch wer klug ist, vor allem wer seine Gesundheit erhalten will, sollte sich diese Botschaft nicht entgehen lassen. Der grüne Saft kann als Therapeutikum oder zusätzlich als hochwertiges Lebensmittel getrunken werden. Immer muß er frisch gepreßt sein. Wegen seiner hochpotenzierten Wirkstoffe nimmt man ihn teelöffelweise eine halbe Stunde vor dem Essen zu sich. Später kann die Portion auf eine halbe Tasse gesteigert werden. Wer mag, kann den Saft mit Wasser oder anderen frisch gepreßten Säften verdünnen. Grassaft riecht und schmeckt ungewöhnlich, er erinnert an frisch gemähtes Gras. Sein intensiver Geschmack entspricht seiner Energie als Sonnenlichtsammler.

Merke:
Weizengras kann nur in einem dafür bestimmten Entsafter gepreßt werden (s. Herstellernachweis, S. 310).

Die Eingewöhnung beim Grassafttrinken kann sich je nach Verträglichkeit über 14 Tage bis drei Wochen hinziehen.
Mehr als ein halbes Glas täglich sollte nicht getrunken werden. Größere Mengen belasten wegen des hohen Enzymgehaltes des Getränkes Magen und Verdauungsorgane.

Grassaft

- beugt vor – regeneriert und entgiftet
- fördert die Verdauung
- verbessert die Beschaffenheit von Haut und Haar
- festigt das Zahnfleisch
- klärt den Atem
- heilt auch äußerlich (z. B. Wunden klingen narbenlos ab)
- hilft bei Ekzemen (innerlich wie äußerlich angewandt)
- hilft gegen Schuppen (eingerieben in die Kopfhaut)
- ist das Schönheitsmittel bei äußerlicher und innerlicher Anwendung
- ist der »Blutbilder« schlechthin
- ist die beste Quelle für Enzyme, Vitamine, Mineralien und Spurenelemente.

Man muß also nicht krank sein, um vom Weizengrassaft zu profitieren. Er ist Nahrungsergänzung und Elixier für unsere geistigen Kräfte.

Ann Wigmore sagt dazu: »Chlorophyll wird in den kommenden Zeiten eine der wichtigsten Proteinquellen sein. Im frisch zubereiteten Getränk sind verdichteter Sonnenschein und die für die Wiederbelebung des Körpers notwendigen Impulse. Die regelmäßige Zufuhr wird Teile unseres Hirns erschließen, von denen der Mensch heute noch nichts weiß.« (64)

Auch wer keinen Entsafter hat, kann Weizengras auf verschiedene andere Weise zu sich nehmen:

- Kauen. Wenn man es genau nimmt, ist das die beste Entsaftung, zwar sehr mühsam, aber eine hervorragende Zahnpflege.
- Das fein geschnittene Gras wird mit einer entsprechenden Menge Wasser kurz im Mixer zerkleinert und anschließend getrunken.
- Die Halme werden ca. 8 Tage gezüchtet und als Würze zum Salat gegessen.

Die ausreichende Tagesmenge von einer halben Tasse läßt sich aus der Hälfte der Einsaat im Bio-Snacky Hydro-12 gewinnen. Das ist eine ungefähre Mengenangabe, abhängig von der Dichte der Einsaat.

Du bist dein eigener Therapeut. Während der Umgewöhnung wird der Körper mit vermehrter Ausscheidung reagieren. Das kann über die Haut oder durch den Darm erfolgen. Vorsichtig weitertrinken. Nicht übertreiben.

Nie auf Vorrat pressen – der Saft wird in wenigen Minuten wertlos.

Der Durstlöscher

3 Teile Grassaft
1 Teil Zitronensaft
6 Teile Tafelwasser

Der Wachmacher

2 Teile Grassaft
8 Teile Orangensaft

Der Frische

1 Teil Grassaft
3 Teile Selleriesaft
7 Teile Apfelsaft

Der Nahrhafte

1 Teil Grassaft
2 Teile Sonnenblumensaft
7 Teile Möhrensaft

Der Pure

2 Teile Grassaft
1 Teil Wasser

Der Scharfe

1 Teil Grassaft
1 Teil Rettichsaft
4 Teile Möhrensaft

Der Süße

1 Teil Grassaft
8 Teile Ananassaft

Der Milde

1 Teil Grassaft
1 Teil Luzernesaft
8 Teile Apfelsaft

Umdenken heißt es. Der magere Vorspeisensalat mit Bohnen aus der Dose und der obligatorischen Eihälfte wird abgelöst. Wir stellen Salate zusammen aus einer Mischung von Blatt- und Wurzelanteilen (z. B. Möhren, rote Bete, Rettich) im Verhältnis 2:1 mit Sprossen und Grünkraut. Eine anreichernde Sauce krönt den Salat zum Hauptgericht. Salat – die vollwertige Mahlzeit.

In den USA haben die verschiedensten Untersuchungen stattgefunden, um den von Ann Wigmore kreierten »complete meal salad« auf seine Vollwertigkeit bezüglich Proteinen, Kohlehydraten, Fett, Enzymen, Vitaminen und Mineralien zu überprüfen. Nach einer 15 Jahre laufenden Studie bestätigte Dr. Harvey C. Lisle, Lebensmittelforscher an der Universität Ohio, daß dieser Salat alle notwendigen Aufbau- und Energiestoffe für das Wachstum und den Erhalt unseres Körpers und seiner Funktionen liefert. (67)

Sprossen- und Grünkrautsalate – eine vollwertige Mahlzeit

Nach aktuellsten Untersuchungen über den menschlichen Eiweißbedarf beträgt die notwendige Menge je nach Geschlecht, Gewicht, Klima und körperlicher Betätigung zwischen 20 und 50 Gramm pro Tag. Das in den Pflanzen und Samen in der richtigen Zusammenstellung vorhandene Protein ist demnach ausreichend für eine gesunde Ernährung.

Protein besteht aus 22 verschiedenen Aminosäuren. Für unsere Ernährung sind davon acht lebensnotwendig. Aus ihnen kann der Körper die übrigen erforderlichen Aminosäuren selber aufbauen.
In einem vollwertigen Salat müssen darum alle acht essentiellen Aminosäuren vorhanden sein, um diese Aufgabe zu erfüllen. Die Proteine müssen qualitativ und quantitativ abgestimmt sein. In der folgenden Tabelle I sind Lebensmittel aufgeführt, die alle acht essentiellen Aminosäuren enthalten. Die Übersicht zeigt die besonders herausragende Qualität der Sonnenblumenkerne.

Tabelle I

	Iso-leucin	Leucin	Lysin	Methi-onin	Phenyl-analin
Avocado	0	0	120	19	0
Gurke	9	13	13	3	7
Kürbiskerne	213	346	258	42	182
Blattgrün	161	165	147	29	108
Sonnenblumenkerne	1320	1824	912	456	1272
Gesamt	1703	2348	1450	549	1569

(jeweils mg/100 g)

Tabelle II

	Menge	Gewicht in g	
Avocado	¼	50	
Gurke	7 Scheiben	50	
Mungbohnensprossen	1 Tasse	140	
Kürbiskerne	½ Tasse	50	
Sonnenblumenkerne	2 Eßl.	25	
Blattgrün	½ Tasse	25	
Kaltgepreßtes Öl	⅛ Tasse	30	
Kelp	1 Teel.	10	
Tomate/Peperoni	2 Stücke	20	
Gesamt		400	

Tryptophan	Threonin	Valin
23	0	0
2	8	10
27	118	224
26	106	129
360	936	1416
438	1168	1779

Protein in g	Kalorien
1,0	122
0,3	6
5,6	33,6
0,3	8
6,0	94
0,6	5
0,0	270
0,0	0
0,2	4
14,0	542,6

Tabelle II gibt die Grundlagendaten für die Berechnung einer optimalen vollwertigen Mahlzeit, deren Proteingehalt ca. 15 Gramm beträgt; das heißt, mit dieser Mahlzeit ist die Hälfte des durchschnittlichen täglichen Eiweißbedarfs eines Erwachsenen gedeckt.

Der vollwertige Salat

Nach Wigmore gibt es entsprechend der Tabelle II für einen vollwertigen Salat für 2 Personen folgende Rezeptangaben:

1 Tasse Mungbohnensprossen
1 Tasse Luzernesprossen
1 Tasse Kürbis, geraspelt
1 Tasse gemischte Grünkräuter
½ Avocado, in Stücke geschnitten
¼ Gurke, in Scheiben geschnitten
4 Stücke Tomate
4 Stücke rote Peperoni
2 EL Sonnenblumenkerne
2 EL kaltgepreßtes Öl
1 TL Kelp

Als Chlorophyllträger können Buchweizengrün, Sonnenblumensprossen, Grün der Roten Bete, Spinat, Kopfsalat oder jedes andere dunkelgrüne Gemüse benutzt werden.
Dieser Basissalat kann nach Ihrem Geschmack und Ihrer Konstitution verändert und der Jahreszeit entsprechend variiert werden.
Im Rezeptteil sind Saucen, Suppen, Cremes und Pasten zu finden, die die verschiedenen Gerichte jeweils ergänzen und zu einer ungeahnten Vielfalt neuer Geschmacksnuancen führen.

Früchte und Gemüse

Wählen Sie möglichst nur Früchte und Gemüse aus ökologischem Anbau. Die Gemüse aus natürlichem Anbau müssen besonders gut gewaschen werden, um sie von eventuellen Kleinstlebewesen aus dem humusreichen Boden zu säubern. Gemüse und Früchte aus herkömmlichem Anbau müssen geschält werden. Kaufen Sie nur ungespritzte Südfrüchte. Auch Trokkenobst muß gründlich gewaschen werden. **Bitte keine Erdnüsse und Paranüsse in der Küche der Sprossen verwenden, sie sind fast alle zur Vermeidung von Schimmelbildung bestrahlt.** Bei Pilzen ist es ratsam, sich auf Zuchtchampignons zu beschränken. Blattsalate sowie Petersilie sind von der Einkaufsliste zu streichen. Die krause Petersilie bietet wie das großflächige Blatt der Salate eine entsprechende Ablagerungsfläche für chemische Rückstände.

Sprossen

Wer seine Sprossen garen möchte, sollte dies nicht in heißem Öl tun, sondern im Dampf.

Öl

Öl, auch wenn wir es nur in winzigen Mengen verwenden, ist so entscheidend für die Qualität eines Salates wie die Frische der Sprossen. Das Geheimnis ist, Öle aus erster bzw. kalter Pressung zu wählen. Das sogenannte Jungfernöl der Olive ist leider nicht ganz preiswert, aber unübertroffen in seiner Qualität. Nur wenige Tropfen genügen, um den Salat geschmeidig zu machen. Wunderbar ist auch das hochwertige Sesamöl. Öle können geschmacklich gut variiert werden, indem Sie sie selbst mit den verschiedenen Gewürzen anreichern, vor allem das relativ geschmacksneutrale Sonnenblumenöl. Es kann gewürzt werden mit:

- 6 Knoblauchzehen, halbiert, auf ½ Liter
- 1 Stück Ingwerwurzel, in feine Scheiben geschnitten, auf 1 Liter
- 2 Bund Basilikum, gut gewaschen und trockengetupft, auf ¾ Liter
- 3 scharfe Pfefferschoten, aufgeschlitzt und entkernt, auf ¼ Liter. Gezielt und tropfenweise einsetzen – sehr scharf.

Die Öle sind nach ca. drei Wochen durchgezogen.

Essig

In der Küche der Sprossen ist auch er gewachsen.
Mit Hilfe eines guten Weinessigs können Sie aus jedem Wein auf natürliche Weise einen hausgemachten Essig ansetzen. Essig ist nichts anderes als Alkohol, der durch die Essigsäurebakterien in Essigsäure umgewandelt wurde. Wichtig ist, während der Essiggärung den Bakterien viel Sauerstoff zuzuführen.

Weinreste können zum Auffüllen benutzt werden.

Wie Öl können wir den Essig auch mit verschiedenen Würzen, die eingelegt werden, geschmacklich verändern. Hier wird spätestens klar, daß die Küche der Sprossen in Nuancen und Vielfältigkeiten schwelgt. Die Wandlungen sind unendlich, selbst wenn die Grundlagen einfach und – scheinbar – eingeschränkt sind.

Die Essigbakterien können Sie aus gekauftem Essig gewinnen. Nehmen Sie ein kleines weithalsiges Gefäß, füllen es mit Essig und stellen es an einen dunklen Platz. Das Gefäß wird mit einem Fliegendraht abgedeckt. Nach einiger Zeit (ca. zwei Wochen) haben sich gallertartige Schichten gebildet, die aus zusammengeballten Essigbakterien bestehen. Das ist der Ansatz für die Umsetzung von Wein oder auch Sherry zu Essig. Je mehr Schichten Sie haben, desto besser wird die Qualität des Essigs. Geben Sie die gewachsenen Essigbakterien mit dem Wein oder Sherry in ein Gefäß (ich wähle ein Einmachglas) und lassen es weitere zehn Tage leicht abgedeckt möglichst dunkel wirken. Fertig ist der hausgemachte Essig. Anfallende

Das Geheimnis einer guten Salatsauce liegt nicht nur in den Zutaten, sondern auch in der richtigen Reihenfolge, in der die Zutaten gebunden werden. Beginnen Sie mit dem Essig, dann folgen die anderen Zutaten, und zum Schluß kommt tropfenweise das Öl hinzu.

Aufruhr im Essigglas!
Die Essigmutter wächst in Schichten. Jeweils wenn Wein zugegossen wird, bildet sich innerhalb einiger Tage eine gallertartige Ablagerung. Hier haben die verschiedenen Schichten blühende Formen gebildet, während ein kräftiger Schuß Rotwein ins Einweckglas geflossen ist.

ECK

Salatsauce

Öl und Essig im Verhältnis 2:1
1 TL Zitronensaft
¼ TL Senfpulver (Senfkörner im Mörser pulverisieren oder 1 TL Senf)
1 Prise Kelp
Tamari nach Geschmack
Knoblauch und Honig als Variation

Diese Salatsauce kann ergänzt werden durch:

- Kräuter aus dem Zimmergarten
- fein geschnittene Schalotten oder Frühlingszwiebeln
- Kapern, grünen Pfeffer, Nüsse, Rosinen, getrocknete Früchte
- Säfte aus: Weizengras, Zitrusfrüchten oder Gemüsen
- getrocknete Gewürze wie: Oregano, Thymian, Rosmarin, Salbei, Ingwer, pulverisierter Bockshornkleesamen

Wer der Sauce in Erinnerung an alte Zeiten eine mayonnaiseartige Konsistenz verleihen möchte, kann sie mit winzigen Quantitäten von Agar-Agar andicken.

Nußpasten

Pasten aus Nüssen und Samen ergänzen einen Salat zur vollständigen Mahlzeit. Besonders im Winter werden sie zur »wärmenden« Zutat. Die Pasten werden nicht mit dem Salat vermischt. Ihre Konsistenz kann fest sein, gleich einer französischen Paté, oder weich wie eine Creme.

Dabei gibt es zwei verschiedene Arten:

- die fermentierte Paste
- die unfermentierte Paste

Für die Fermentierung – das heißt Gärung – lassen Sie die zubereitete Paste je nach dem Grad der gewünschten Säuerung 6–12 Stunden an einem warmen Platz (21 Grad) ruhen. Die Gärung gibt der Paste »Saures«.

Wer den Gärungsprozeß beschleunigen oder intensivieren möchte, kann den Pasten einen Eßlöffel Joghurt zugeben.

Die folgenden Pasten können unfermentiert oder auch fermentiert gegessen werden.

Mandelpaste mit Sonnenblumenkernen

1 Tasse Mandeln, gepellt
½ Tasse Sonnenblumenkerne
1 Tasse Tafelwasser
1 TL Trockenhefe
1 Prise Kelp
1 TL Tamari

Die Mandeln und die Samen werden nacheinander fein gemahlen • Sie werden in einer

Schüssel mit den weiteren Zutaten gut vermischt und anschließend an einen warmen Ort gestellt • Nach einigen Stunden wird die Masse kräftig umgerührt und gekostet • Je nach Geschmack können Sie die Paste weiter gären lassen, oder Sie essen sie direkt zum Salat oder als Brotaufstrich.

Pasten mit kurzer Fermentierung haben einen süßlich sanften Geschmack. Innerhalb einer Überfermentierung können sie »umkippen« und bekommen einen ausgesprochen strengen Geschmack. Von besonderer Süße sind Pasten aus gekeimten Sonnenblumensamen.

Kürbispaste mit Sesam

1 Tasse Kürbissamen oder -sprossen
½ Tasse Sesamsamen oder -sprossen
2 kleine Möhren, geraspelt
½ Zitrone, frisch gepreßt
1 TL Honig
1 Prise Kelp
1 Prise Ingwer, frisch gerieben
Tamari nach Geschmack
eventuell etwas Tafelwasser

Zerkleinern Sie zunächst den Sesam, dann die Kürbiskerne im Mixer • In einer kleinen Schüssel alle Zutaten gut miteinander verrühren • Die Paste kann sofort serviert werden. Sie ergänzt einen körnig gekochten Reis mit einer kräftigen Zugabe von Luzernegrün.

Mandelpaste mit Tomaten

1 Tasse Mandeln
4–5 kleine Tomaten, gehäutet
2 Frühlingszwiebeln, in feine Scheiben geschnitten
1 EL Zitronensaft
2 EL Tahini (Sesampaste)
1 Prise Salz
schwarzer Pfeffer, frisch aus der Mühle

Die Tomaten kurz mit kochendem Wasser überbrühen, häuten und pürieren • Die Mandeln mahlen • In einer Schüssel alle Zutaten gut verrühren.

Diese Paste schmeckt besonders gut zu Salaten aus Getreidesprossen. Wer mag, kann sie noch mit geröstetem Sesam bestreuen und mit Chili schärfen.

Pinienpaste alla Pesto

1½ Tassen Pinienkerne
½ Tasse Olivenöl
2 Bund frisches Basilikum
4 Knoblauchzehen, frisch gepreßt
1 Prise Oregano
4 EL Tofu, zerbröselt

Die Pinienkerne im Mixer zerkleinern • Anschließend tropfenweise das Öl hinzufügen • Die feingeschnittenen Basilikumblätter im Mörser pürieren und den Pinienkernen zugeben • Die Würzzutaten und den Tofu in die Paste rühren.

Wer anstelle der Pinienkerne Mandeln nehmen möchte, sollte sie vorher von ihrer Haut befreien. Ungeschälte Mandeln harmonieren nicht mit dem feinen Basilikum.
Eine wahre Köstlichkeit zu Luzernegrün und Buchweizen!

Walnußpaste mit Champignons

1 Tasse Walnüsse
1 Tasse Champignons, fein gehackt
1 kleine Schalotte, sehr fein geschnitten
1 Prise Knoblauch, frisch gepreßt
½ Zitrone, frisch gepreßt
1 Prise Kelp
schwarzer Pfeffer aus der Mühle
Kresse

Die Walnüsse fein mahlen und anschließend mit den Champignons vermischen • Die Paste würzen und in einem Kranz von Kresse servieren.
Diese Paste eignet sich hervorragend als Füllung.

▼

Mandelpaste mit Rettich

- *1–2 Tassen Mandeln, abgezogen und gemahlen*
- *1 sehr kleiner schwarzer Rettich*
- *1 kleiner Apfel*
- *1 EL Zitronensaft*
- *2 EL Sesamöl*
- *1 TL Kelp*
- *1 Bund Rettichgrün*

Rettich und Apfel sehr fein raspeln • In einer Schale alle Zutaten gut verrühren und kurz vor dem Servieren mit dem Rettichgrün überstreuen.
Eine scharfe Entdeckung. Die Herbheit mißt sich gern an der milden Kartoffel und am Buchweizengrün.

▼

◀ *Mandelpaste mit Tomaten*

Die Angaben der Rezepte für die Nußpasten sind reichlich bemessen und überschreiten das übliche Maß für vier Personen. Kleine Portionen, besonders wenn man sie für die Fermentierung ansetzen möchte, stehen in keinem Verhältnis von Aufwand zum Nutzen. Pasten lassen sich aber sehr gut im Kühlschrank verwahren, wenn sie mit einer dünnen Schicht Öl luftdicht abgeschlossen werden.

Tofucreme mit Zitrone gewürzt

Mandelpaste mit Sonnenblumenkernen

Avocadocreme

2 Avocados
1 Orange, frisch gepreßt
1 Prise Currypulver
1 Prise Kelp
1 TL Tamari
1 Knoblauchzehe, frisch gepreßt
1 Büschel Sonnenblumengrün

Die Avocados halbieren, den Kern entfernen. Das Fruchtfleisch mit dem Löffel herausheben und im Mixer mit allen anderen Zutaten zu einer Creme schlagen • Mit dem Sonnenblumengrün bestreut, wird die Creme zu einem Sprossensalat serviert.

Pürierte Avocadomasse ist ein wunderbarer Fond für Gewürze und andere Zutaten. Sie kann mit folgenden Zutaten ergänzt werden:

1. mit Tomaten, Zitrone und Cayennepfeffer
2. mit geraspelten Zucchini und schwarzem Pfeffer

Wer größere Portionen vorbereiten möchte, legt den Avocadokern bis zum Verzehr wieder in die Masse und wird feststellen, daß die Avocadofrucht auf diese Weise nicht oxydiert bzw. nicht braun wird.

Gurkencreme

1 kleine Schlangengurke
1 Tasse Sonnenblumensprossen
1 EL Weinessig
1 TL Honig
1 TL Kelp
1 EL Sesamöl
2 EL Kokosraspeln
Salz
1 Büschel Sonnenblumengrün

Die Gurke raspeln und mit Salz überstreuen • 10 Minuten ziehen lassen und anschließend ausdrükken • Die Sonnenblumensprossen pürieren • Alle Zutaten in einer Schüssel gut vermischen.

Die Gurkencreme ist eine ausgesprochene »Sommersauce«. Sie schmeckt köstlich zusammen mit dem weichen Grün der Sonnenblume.

Avocadocreme, fein püriert mit Knoblauch ▶

Avocadocreme, grob belassen ▶▶

Spinatcreme

500 g frischer Spinat
3 EL Sesamöl
1 Tasse Hirse, gekocht
2 TL Tamari
1 Knoblauchzehe, frisch gepreßt
1 Prise Kelp
½ Tasse Rosinen, geweicht

Den Spinat sehr gründlich waschen und in einem Topf ohne Zugabe von Wasser kurz erhitzen, bis er zusammenfällt • Den abgekühlten Spinat im Mixer mit allen übrigen Zutaten pürieren • Die Creme in eine Schüssel füllen und mit den Rosinen garnieren.

Diese Creme paßt vorzüglich zu Kichererbsensprossen, aber auch zu Getreidesprossensalaten sowie zu Kartoffeln.

Möhrencreme

3 kleine Möhren
1 Tasse Tofu
½ Tasse Sonnenblumensprossen
gestoßenen Bockshornkleesamen
1 TL Tamari
1 Bündel Bockshornkleegrün

Die Möhren sehr fein reiben • Die Sonnenblumensprossen pürieren und mit den restlichen Zutaten zu einer Creme rühren.

Die Möhrencreme kann mit dem Bockshornklee zu Hülsenfruchtsprossen gereicht werden.

Rote-Bete-Creme mit geriebenem Apfel ▶

Spinatcreme mit Mandelsplittern ▶▶

◀ *Aprikosencreme mit Pinienkernsplittern*

◀◀ *Rote-Bete-Creme mit Sonnenblumensprossen*

Selleriecreme

½ Sellerieknolle
1 mehlige Kartoffel, gekocht
3 EL Walnußöl
1 EL Zitrone, frisch gepreßt
1 EL Weinessig
1 Prise Kelp
Bockshornkleegrün

Die Sellerieknolle raspeln und umgehend mit der Zitrone vermischen • Die Kartoffel stampfen und mit allen anderen Zutaten in einer Schale vermischen • Die Paste wird mit Bockshornkleegrün serviert.

Sie ist eine harmonische Ergänzung zu Frisée oder Chicorée.

◀ *Tomaten-Möhren-Creme*

◀◀ *Möhrencreme*

Rote-Bete-Creme

1 kleine Rote Bete
1 Tasse Sonnenblumensprossen, püriert
1 Zitrone, frisch gepreßt
2 TL Tamari
1 Prise Cayennepfeffer
1 Prise Thymian
1 Prise Kelp

Die Rote Bete wird sehr fein geraspelt und mit den übrigen Zutaten vermischt.

Diese Paste ist eine ungewöhnliche Ergänzung zu allen Sprossensalaten.

Obstcreme

1 Tasse getrocknete Aprikosen, geweicht
½ Zitrone, frisch gepreßt
2 EL Sesamöl
2 EL Pinienkerne
1 Hauch Knoblauch
schwarzer Pfeffer aus der Mühle

Die vorgeweichten Aprikosen kleinschneiden und anschließend im Mixer pürieren • Die übrigen Zutaten hinzufügen und zu einer Creme verrühren.

Die Aprikosencreme liebt Fenchelsalat. Obstcremes lassen sich aus fast allen frischen Obstsorten zubereiten.

Suppen gehören in die Küche der Sprossen wie Salate. Sie sind eine ideale Unterlage für die Genüsse aus dem Zimmergarten und ein Magenschmeichler, besonders in der Übergangszeit zur lebendigen Nahrung.
Die Suppen werden auf der Basis blitzschnell angegarter Gemüse erstellt.
Raspeln Sie dazu Gemüse (z. B. Möhren, Kohlrabi, rote Bete) genauso, wie Sie es für die Salate machen.
Bereiten Sie vorher einen Suppenfond aus:

- Agar-Agar, Wasser und Tamari
- Hefeflocken oder Gemüsebrühen aus dem Reformhaus
- kurz angedünsteten Zwiebeln, die mit Tafelwasser abgelöscht werden.

Den Fond erhitzen und unmittelbar vor dem Servieren die geraspelten und kurz angegarten Gemüse bzw. Sprossen und Grünkräuter hinzugeben.
Diese Suppen können auch auf der Basis von Kartoffel- oder Nudelwasser zubereitet werden. Es versteht sich von selbst, daß sie mit gekochten Getreiden ergänzt werden können, etwa mit Hirse oder Reis. Auch Pasten und Cremes können mit einer entsprechenden Flüssigkeitsmenge zu Suppen verlängert werden. Der Hauptgedanke ist: Laß deine Nahrung so natürlich wie möglich. Großmutters gehaltvolle Suppe, die stundenlang auf dem Herd simmerte, gehört endgültig der Vergangenheit an.

Grundsätzlich sollten Suppen nach dem Zugeben der Sprossen nie über 40 Grad erhitzt werden, damit die Enzyme erhalten bleiben. Es ist sehr praktisch, die Suppenschalen vorher anzuwärmen, damit die Suppe nicht so schnell auskühlt.

Broccolisuppe

750 g Broccoli, fein geraspelt
3/4 Tasse Sonnenblumensprossen, püriert
1 EL Sesamöl
1 TL Fenchelpulver, gemahlen
1 Prise Kelp
1 EL Tamari
100 g frische Champignons, in feine Scheiben geschnitten
6 Tassen Wasser
1 Handvoll Luzernegrün

Die Champignons kurz im Öl andünsten und mit dem Wasser ablöschen • Die Suppe mit den Würzzutaten abschmecken • Den Broccoli und die Sonnenblumensprossen hinzugeben und alles kurz erwärmen • Das Luzernegrün auf vier Schalen verteilen und die Suppe hineingießen. Geschickt ist, wer es schafft, die Luzernen so in den Schalen unterzubringen, daß sie einen filigranen Rand um die Suppe bilden.

Die Vielfalt in der Sprossenküche ist erstaunlich. Als Nachtisch oder Zwischengericht bildet ein Sorbet – besonders im Sommer – für den Gaumen eine frische Abwechslung.
Die Zubereitung eines Sorbets ist äußerst einfach und gelingt immer.

Sorbets können zubereitet werden auf der Basis von
- Gemüsepürees
- Obstpürees
- Nußpürees.

Sorbets machen sich besonders gut in einem Kranz aus verschiedenen Grünkräutern.
Die Wirksamkeit der Enzyme wird durch das Einfrieren nicht beeinträchtigt. Enzyme können zwar keine Hitze, aber Kälte vertragen.

Orangensorbet mit Bockshornklee-sprossen

6 kleine Orangen, ausgepreßt
2 kernlose Orangen, geschält und püriert
2 Pfirsiche, gehäutet und püriert
1 TL Honig
1 Prise Zimt
frisch geriebener Ingwer nach Geschmack
2 EL Bockshornkleesprossen

Die Zutaten in einer Porzellanschüssel vermischen und umgehend in den Tieffrierer stellen • Während der Gefrierzeit von ca. 1½ Stunden das Sorbet im Abstand von 15 Minuten umrühren • Sollte die Konsistenz zu fest geraten sein, wird es nach kurzem Antauen kräftig gerührt und umgehend aufgetragen.

Dieses Sorbet ist äußerst erfrischend. Die würzig-bitter-scharfen Sprossen sind in ihrer geeisten Form feurige Hagelkörner. Sie zergehen auf der Zunge!

Erdbeersorbet

500 g Erdbeeren
2 Zitronen, frisch gepreßt
1 EL Honig
1 Hauch schwarzer Pfeffer aus der Mühle

¾ der gut gewaschenen und getrockneten Erdbeeren im Mixer pürieren. Den Rest in dünne Scheiben schneiden • Alle Zutaten in einer Schüssel vermischen und anschließend ins Tiefkühlfach stellen • In Abständen von einer halben Stunde das Mus gründlich umrühren • Nach ca. 2 Stunden kann das Sorbet serviert werden.

Die Zutaten für die Rezepte sind für vier Personen gedacht, es sei denn, es ist besonders angegeben.

IV

Rezepte von A bis Z

Eine Hommage
an berühmte Vegetarier

Als Neuheit stellt sich hier die Adzukisprosse vor. Ähnlich den gelben Sojabohnen gibt sie sich spröde im Geschmack, doch leicht gedämpft wird sie heiterer. In Salate gestreut regt sie den Appetit an und beschert unserem Auge ein ungewöhnliches Braunrot zwischen Rost und Mauve.

Adzukisprossen-Salat

2 Tassen Adzukisprossen
3 kleine Orangen, in Scheiben geschnitten
4 rote Zwiebeln, in Scheiben geschnitten
1 Tasse Reis, gekocht
2 EL Kokosflocken
Kresse

Sauce:
Zitrone und Öl im Verhältnis 1:2
1 Prise Tamari
1 TL Honig

Die Salatzutaten in einer Schüssel vermischen, auf vier Teller verteilen und mit der Kresse garnieren • Die Sauce wird am Tisch über den farbenfrohen Salat geträufelt.

Eingelegte Adzukibohnensprossen

2 Tassen Adzukisprossen
1 Tasse Linsensprossen
1 Tasse Mungbohnensprossen
2 Möhren, in Stifte geschnitten
2 kleine Frühlingszwiebeln, in Scheiben geschnitten
2 EL Sesamsprossen

Marinade:
½ Tasse Sherry
1 EL Essig
1 EL Tamari
3 EL Sesamöl
1 TL Honig
1 TL Ingwer, gerieben

Vermischen Sie alle Gemüsezutaten außer den Sesamsprossen in einer Schale • Die Zutaten für die Marinade mischen, kurz erwärmen und über den Salat gießen • Den Salat zum Durchziehen an einen kühlen Ort stellen • Vor dem Servieren die Sesamsprossen darüberstreuen.

Adzukibohnen-Allerlei

2 Tassen Adzukibohnensprossen
6 Möhren, geraspelt
3 Stangen Staudensellerie, in feine Scheiben geschnitten

2 TL Hefebrühe (aus dem Reformhaus)
1 Knoblauchzehe, gepreßt
½ Zitrone, gepreßt
½ Tasse Mandeln

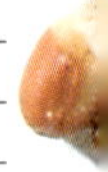

½ Tasse Kürbiskerne
½ Tasse Sesamsprossen
2 TL Tahini

Adzukibohnensprossen für Michel de Montaigne

Die Gemüse in einer Schüssel mit dem Zitronensaft mischen und würzen • Mandeln und Kürbiskerne mahlen und zusammen mit den Sesamsprossen, der Hefebrühe und dem Tahini unter das Gemüse ziehen. Die Masse gut durcharbeiten • Sie kann in eine Kuchenform gefüllt und später gestürzt oder aber frei mit den Händen geformt werden.

In einem grünen Salatbett wird dieser Gemüseeintopf zum Fest. Anstelle des Knoblauchs können Sie mit scharfem Rettichgrün würzen.

Adzukisprossen in einer schlichten Soße aus Sesamöl und Zitrone werden mit Tofu und Radicchio zur lukullischen Vorspeise!

Welch ein Geruch! Aus dem flachen, rautenförmigen Samen ist eine ovale Frucht mit winzigem Sproß gewachsen. Genießen Sie den Bockshornklee in seiner ganzen Würze. Nichts vermag den Orient so in unsere Schüsseln zu zaubern wie diese braungelbe Sprosse. Sie enthüllt ihr zartes Bitter gern in Reis- und Nudelgerichten und, mit Phantasie verwendet, auch in heimischen Speisen.

Bockshornkleegrün

Es verschlägt den Atem, doch der »heiße« Geschmack kühlt im Sommer und wärmt im Winter. Das exotische Grün macht Appetit und stabilisiert Magen und Darm.
Mit gezupften Bockshornkleeblättchen steigern Früchte und Salate ihren uns gewohnten Geschmack mannigfaltig.
Lassen Sie sich nicht ins Bockshorn jagen! Herbheit, Bitterkeit und Schärfe werden zum Vergnügen.

Buchweizennudelsalat mit Bockshornkleesprossen

3 EL Bockshornkleesprossen
250 g Buchweizennudeln, gekocht
4 Schalotten, fein geschnitten
2 Bananen, in Scheiben geschnitten
2 EL Korinthen
1 Tasse frische Champignons, blättrig geschnitten
200 g Tofu
1 Bündel Kresse

Dazu: Obstcreme aus Aprikosen (S. 243) mit Chili abgeschmeckt

Die Zutaten für den Salat vermischen und auf 4 Teller verteilen
• Den Tofu in vier gleich große Stücke schneiden und in die Mitte eines jeden Tellers setzen
• Die Aprikosencreme darübergießen und den Salat mit der Kresse schmücken.
Ungewöhnlich? – Warum nicht? Der Nudelsalat ist eine vollständige Mahlzeit.

Bockshornkleesprossen im Weißkohl

1 Tasse Roggensprossen
1 kleiner Weißkohl, in feinste Scheiben geschnitten
2 Äpfel, in Stifte geschnitten
1 EL Bockshornkleesprossen

Dazu: Mandelpaste (S. 237) mit Sonnenblumenkernen

Mischen Sie die Zutaten und reichen Sie die Mandelpaste zum Salat.

Reissalat mit Bockshornkleegrün

4 Tassen gekochter Reis (mit den Gewürzen Zimt, Kreuzkümmel, Cayennepfeffer, Nelken)

3 Handvoll Bockshornkleegrün
2 Möhren, geraspelt
¾ Tasse Kokosflocken
1 TL Ingwer, frisch gerieben

Als Sauce für dieses Gericht paßt die Salatsauce von S. 192, die mit Orangensaft und einer frisch gepreßten Knoblauchzehe ergänzt wird.
Die Zutaten mischen, den Bockshornklee kurz mit kochendem Wasser übergießen und nach dem Abtropfen sofort unter den Salat mischen. Er ist hier mehr Gemüsezutat als Würze.

Hirscsalat mit Bockshornkleegrün

1 Büschel Bockshornkleegrün
4 Tassen Hirse, körnig gekocht
2 süße Äpfel, in Stifte geschnitten
4 Backpflaumen, geweicht, entkernt und in feine Streifen geschnitten
½ Tasse Mungbohnensprossen
1 Peperoni, grün, sehr fein geschnitten
½ Tasse Sonnenblumensprossen

Sauce:
Sesamöl und Zitrone im Verhältnis 2:1
Tamari nach Geschmack
1 TL Honig

Die Zutaten für den Salat in einer Schüssel vermischen • Die Zutaten für die Sauce verrühren, nach Geschmack würzen und über den Salat geben.

Gebackene Banane im »Bockshorn«

4 reife Bananen
2 Handvoll Bockshornklee
1 Tasse Sesamsamen
2 EL Sesamöl
Honig
1 Prise Cayennepfeffer

Sauce:
1 Apfel
Zitrone
Ingwer
Honig

Den Honig mit etwas Wasser verdünnen und mit Pfeffer würzen • Die geschälten Bananen dann mit dieser Tunke einpinseln und anschließend mit den Sesamsamen panieren • Geben Sie das Sesamöl in eine heiße Pfanne und erhitzen es kurz. Vom Feuer nehmen, die Bananen in die Pfanne legen und mit der Rest-

hitze anbrutzeln • Sobald die Sesamkruste braun ist, die Bananen auf vorgewärmte Teller legen und mit einem großen Büschel Bockshornklee servieren.
Als Sauce gibt es dazu einen pürierten sauren Apfel, den Sie mit Zitrone beträufeln, und mit frisch geriebenem Ingwer und Honig abschmecken.

Buchweizen-Spinatsuppe

2 Tassen Buchweizengrün
2 Tassen Spinat, fein geschnitten
2 Avocados
2 Tassen Hefebrühe
½ Zitrone, gepreßt
Kelp und Tamari nach Geschmack

Das Buchweizengrün in vier Schalen verteilen • Avocados und Spinat im Mixer fein pürieren, mit den Gewürzen abschmecken und mit der erhitzten Hefebrühe aufgießen • Die Suppe in die Tassen füllen.

Eine wärmende Vorspeise an kalten Wintertagen.

Rührend wirkt das Buchweizengrün auf seinen lichten Stengeln. Die kleine Pflanze ist von zarter Gestalt. Sanft ist ihr Bucheckerngeschmack. Das Grün verführt zum Naschen, ist geschmeidige Zutat zur Getreidespeise.
Nur dem fleißigen Zimmergärtner wächst sie zum Salat.

Buchweizengrün mit Kohlrabisalat

2 Tassen Buchweizengrün
3 kleine Kohlrabi, geraspelt
1 Tasse Sonnenblumensprossen

Dazu: Salatsauce (S. 192), mit gestoßenen Fenchelkörnern und einer Spur Honig abgeschmeckt

Kohlrabi und Sonnenblumensprossen vermischen, mit der Sauce übergießen und auf einem Bett aus Buchweizengrün anrichten.

Gemüsepastete im Buchweizenbett

4 Tassen Buchweizengrün
1 Tasse Sonnenblumenkerne, gemahlen
1 Tasse Mandeln, gemahlen
1 Tasse Sesam, gemahlen
1 Tasse Hefebrühe
4 Champignons, fein geschnitten
2 Stangen Staudensellerie, in Scheiben geschnitten
2 Knoblauchzehen, gepreßt
1 TL Fenchelsamen, zerstoßen
1 TL Kümmelsamen, zerstoßen
1 Prise Salz

Vermischen Sie alle Zutaten außer dem Buchweizengrün und verkneten Sie sie zu einem Teig, den Sie zu einem Laib formen • Diese Gemüsepastete je nach Geschmack 24–48 Stunden fermentieren (gären) lassen und dann in einem Kranz aus dem Buchweizengrün servieren.

Wer mag, kann noch eine Sauce dazu reichen und kleine Pellkartoffeln kochen. Ein wahres Abenteuer für den Gaumen.

Die nahrhafte Erbse galt als Lieblingsspeise des nordischen Gottes Thor. Im Märchen ist sie Zwergenspeise, und den Heinzelmännchen wird sie im Gedicht zum Verhängnis – sie stolpern darüber.
Die gute deutsche Erbsensuppe sowie das köstliche Erbspüree sind schwere Speisen, die oft den Magen belasten. Die Erbsensprossen hingegen haben ihren Stärkeanteil umgesetzt, die Gase während des Keimprozesses ausgeschieden und sind so zu einer leicht verdaulichen Kost geworden.

Fermentierter Gemüsetopf mit Erbsensprossen

3 Tassen Erbsensprossen
1 Tasse Mandeln, gemahlen
1 Tasse Sesam, gemahlen
1 Tasse Blumenkohl, geraspelt
2 Möhren, geraspelt
2 Stangen Staudensellerie, in feine Scheiben geschnitten
4 große Champignons, fein gehackt
1 Bund frisches Basilikum, gehackt
1 Tasse Tafelwasser
2 Knoblauchzehen, gepreßt
2 EL Tamari
Kresse, Senf- und Buchweizengrün

Würzen Sie die gemahlenen Nüsse • Das Wasser dazugeben und das Gemüse mit der Paste zu einem Teig verarbeiten • Die Gemüsemasse in eine Brot- oder Kuchenform füllen und zur Fermentierung an einen warmen Platz stellen • Nach ca. 12 Stunden kann die Pastete probiert werden. Falls Ihnen der Geschmack noch nicht intensiv genug ist, lassen Sie der Pastete noch etwas Zeit zur weiteren Gärung • Vor dem Servieren wird der Laib gestürzt und mit einer Mischung aus den 12-Tage-Kräutern bestreut.

Dieses gehaltvolle Gericht ist wie der »Sonnensalat« eine komplette Mahlzeit. Es kann mit Reis oder kleinen Kartoffeln gegessen werden – zur Nahrungsaufwertung ist dies jedoch nicht nötig.

Erbsensprossensalat

3 Tassen Erbsensprossen
½ Blumenkohl, geraspelt
16 Walnußhälften
Kresse

Sauce: Möhrencreme (S. 240)

Vermischen Sie die Zutaten in einer Schüssel, streuen die Kresse darüber und servieren den Salat mit der Möhrencreme.

Sprossen aus Erbsen und Möhrenstiften: rund ums Jahr frisches »Leipziger Allerlei«.

Cremesuppe aus Erbsensprossen

- *3 Tassen Erbsensprossen*
- *½ Tasse Pistazien*
- *4 Tassen Tafelwasser*
- *1 Avocado*
- *1–2 TL Tamari*
- *1 Prise Kelp*
- *schwarzer Pfeffer aus der Mühle*
- *Petersilie*

Die Pistazien im Mixer pürieren, anschließend in einer Schale mit dem Wasser schaumig rühren • Die Avocado wird halbiert und entkernt • Das Fruchtfleisch ebenfalls pürieren und in die Pistazienmilch rühren. Die Suppe würzen • Ganz zum Schluß, unmittelbar vor dem Anrichten, sollten die Sprossen püriert und untergerührt werden.
Wer die Möglichkeit hat, Petersilie aus eigenem Garten oder biologischem Anbau zu beziehen, sollte diese erfrischende Suppe damit würzen. Anstelle der Petersilie kann auch Kresse mit kleingeschnittenen, frischen Champignons in die Suppe gegeben werden.

Diese Suppe wird im Winter über Wasserdampf gewärmt oder im Sommer kalt serviert werden.

Gerstensprossen gekrönt mit Pfirsichchutney

- *2 Tassen Gerstensprossen*
- *4 Bananen*
- *4 große Pfirsiche (entsprechende Menge bei getrockneten Pfirsichen)*
- *200 g Rosinen*
- *4 Zwiebeln*
- *75 g Ingwer, frisch gehackt*
- *1 TL Chilipulver*
- *1 EL Senfkörner*
- *1 Zitrone, frisch gepreßt*
- *1 Orange, frisch gepreßt*
- *1 Prise Cayennepfeffer*
- *1 Prise Zimt*
- *½ TL Kelp*

Gerstensprossen für Ralph Waldo Emerson

Die Pfirsiche kurz in heißes Wasser tauchen und abziehen, entsteinen und kleinschneiden. (Die getrockneten Pfirsiche über Nacht in Wasser einweichen.) • Alle Zutaten außer den Gerstensprossen in einem Topf eine Stunde köcheln lassen • Diese Pfirsichcreme wird zum Durchziehen einen Tag in den Kühlschrank gestellt und später als Festessen mit den Gerstensprossen zu den Bananen gereicht.

Am Ende des Sommers verliebt in Birnen: Gerstensprossen umlagern die liebliche Frucht.

Getreidepastete aus Gerstensprossen

3 Tassen Gerstensprossen
1 Tasse Weizensprossen
¼ Knolle Sellerie, fein gerieben
250 g Champignons, blättrig geschnitten
2 EL Sojamehl
2 EL Sesamöl
1 Knoblauchzehe, gepreßt
1 TL Tamari
1 Büschel Bockshornklee

Den Backofen auf 200 Grad vorheizen • Die Sprossen durch den Fleischwolf drehen und mit den übrigen Zutaten zu einem Teig verkneten • Die Pastete in eine Kuchenform geben und 30 Minuten im Ofen backen • Mit dem Bockshornklee schmücken und servieren.

Die Pastete kann warm oder ausgekühlt gegessen werden. Für »Fortgeschrittene« wird sie nicht gebacken, sondern nach einer Gärzeit von ca. 12 Stunden gegessen.

Matte Süße – fast zergehen sie auf der Zunge. Die Gerste hat den Geschmack von milchiger Nuß. Der typische Getreidegeschmack ist durch den geringen Kleberanteil abgeschwächt.

Mit Gerstensprossen aufwachen! Ein Müsli aus Gerstensprossen mit Kokosraspeln und einer Creme aus Tofu und Aprikose.

Gerstensprossensalat »Demeter«

3 Tassen Gerstensprossen
2 Avocados
1 Tasse Mungbohnensprossen
1 kleine Möhre, geraspelt
250 g frische Champignons, feinblättrig geschnitten

1 Zitrone, frisch gepreßt
1 EL Tamari
½ TL Kelp
1 Büschel Luzernegrün
4 Salatblätter

Die Champignons mit Zitrone betraufeln • Die geschälten Avocados entkernen und vierteln • Die Sprossen mit den Champignons und den Möhren vermischen und mit den Gewürzen abschmecken • Legen Sie je 1 Salatblatt auf einen Teller und dazu zwei Viertel Avocado. Den Sprossensalat in die Mitte geben und zum Schluß das Luzernegrün darüberstreuen.
Dazu empfehle ich die Salatsauce (S. 234).

Mit Hirse, so heißt es, lassen sich Drachen und Hausgeister versöhnen. Die Hirsesprossen sind zwar winzig, doch behaupten sie sich mit ihrer feinkörnigen Konsistenz in vielen Gerichten.

Hirsesprossen-Linsenbrot

3 Tassen gekochte Linsen
1½ Tassen Hirsesprossen
2 Frühlingszwiebeln, in feine Streifen geschnitten
4 EL Sesamöl
1 Hand Spinat, grob gehackt
1 Tasse Tofu
2 Äpfel, gerieben
1 TL Anis, gestoßen
schwarzer Pfeffer aus der Mühle
Meersalz nach Geschmack
1 EL Zitronensaft

Den Ofen auf 180 Grad vorheizen • Die Frühlinszwiebeln im Öl kurz andünsten • Den Spinat zufügen und kurz mitdünsten • Die Linsen pürieren und mit den übrigen Zutaten in einer Schale vermischen • Eine Kastenform mit Öl auspinseln und den Hirsesprossen-Linsenteig ca. 30 Minuten backen • Goldbraun kommt das Brot auf den Tisch – leicht warm esse ich es zu einem Sauerkrautsalat mit Weizensprossen.

Hirsesprossen mit Melone

3 Tassen Hirsesprossen
1 Tasse Roggensprossen
1 Honigmelone
1 kleiner Kopfsalat
1 Büschel Sonnenblumengrün

Dazu: Salatsauce (S. 234)

Die Melone vierteln und entkernen • Das Fruchtfleisch von der Schale lösen und die Viertel mit den Salatblättern auf vier Tellern arrangieren • Die Sprossen vermischen und über die Melone geben • Das Sonnenblumengrün dekorativ darüberstreuen • Zum Schluß die Sauce darübergießen.

Hirsemilch

2 Tassen Hirsesprossen
2 Tassen Sonnenblumensprossen
3 Tassen Tafelwasser
1 Hauch Kelp

Die Hirsesprossen zusammen mit den Sonnenblumensprossen unter Zugabe von Wasser pürieren und anschließend würzen.

Hirsemilch ist sanft – sie schafft ein alkalisches Milieu im Körper. Ihr hoher Kieselsäuregehalt baut Nägel und Haare auf. Pythagoras schätzte die Hirse sehr. Er empfahl sie seinen Schülern zur körperlichen und geistigen Entwicklung.
Variante: Statt des würzigen Kelps die Milch mit Honig süßen. Es kann auch gekochte Hirse verwendet werden, die ebenso wie die Sprossen Basis für ein harmonisierendes Getränk ist.

Hirsesprossen mit Rotkohlsalat

2 Tassen Hirsesprossen
½ Rotkohl
2 Orangen, geschält, enthäutet und in Segmente geteilt
2 kleine Chicorée
Bockshornkleegrün

Sauce:
1 Zwiebel, in feine Ringe geschnitten
3 EL Walnußöl
2 EL Rotweinessig
1 TL Honig

Das Geheimnis zarter Kohlsalate ist der feine Schnitt. Nehmen Sie deshalb die Blätter einzeln vom Strunk, rollen Sie sie auf und schneiden sie mit einem scharfen Messer so dünn wie möglich. Besonders weich wird der Kohl, wenn er nach dem Schneiden mit einem Holzstößel in einer Schüssel kurz, aber fest gestampft wird. Nach Belieben einen EL Öl zugeben • Die Salatzutaten in eine Schüssel geben und vermischen • Die Zwiebel in Öl andünsten, mit dem Essig ablöschen und mit Honig würzen • Die Sauce wird warm über den Salat gegeben, der vorher auf die Chicoréeblätter verteilt wurde. Abschließend den Bockshornklee büschelweise in die Mitte des Salates setzen.

Kichererbsensprossen für Jean-Jacques Rousseau

Überall in Mexiko, Indien und am Mittelmeer ist die Kichererbse in den Kochtöpfen zu finden. Sie sättigt und ist von alters her deftige Bauernspeise und Ergänzung zum Getreide. Die Franzosen backen aus ihrem Mehl die lukullischen Pfannekuchen »soccas«. Kichererbsensprossen schmecken wie Gartenerbsen und lassen sich zu wunderbaren Pasten und Cremes verwandeln.

Fenchelsalat mit Kichererbsensprossen

1 Tasse Kichererbsensprossen
2 Fenchelknollen, geraspelt
2 saure Äpfel, in Stifte geschnitten
½ Zitrone, gepreßt
1 Handvoll Kresse

Sauce: Möhrencreme (S. 240)

Die Fenchelknollen waschen und raspeln • Die Apfelstifte mit Zitrone beträufeln • Die Zutaten dann in einer Schüssel sanft vermischen • Den Salat auf vier Teller geben und die Kresse daraufstreuen. Die Möhrencreme wird separat dazu gereicht.

Frische Gartenerbsen, Bockshornkleesprossen und natürlich Kichererbsen nippen an einer feinen Tofusauce.

Suppe aus Kichererbsensprossen

2 Tassen Kichererbsensprossen
1–2 Tassen Tafelwasser
1 Tasse Sonnenblumensprossen
2 Kartoffeln, gekocht und püriert
1 EL Sesamöl
1 Prise Salz
1 Prise schwarzen Pfeffer aus der Mühle
1 Büschel Sonnenblumengrün

Die Zutaten nacheinander pürieren, mit den Gewürzen abschmecken und mit dem Wasser verdünnen • Die Suppe wird in vier Schalen gegeben und mit dem Sonnenblumengrün verziert.
Je nach Jahreszeit kann die Suppe warm oder kalt gegessen werden.

Kichererbsen-Sesam-Paste

3 Tassen Kichererbsensprossen, kurz gedämpft
6 EL Tahini
1 Zitrone, gepreßt
2 Knoblauchzehen, gepreßt
1 große Tomate, enthäutet und püriert
Tafelwasser nach Bedarf

Die Kichererbsensprossen pürieren • Abwechselnd Flüssigkeit und Tahini dazurühren, bis eine weiche Paste entsteht • Zum Schluß Tomatenpüree unterheben und abschmecken.

Die Paste kann als Brotaufstrich, aber auch als Salatbeigabe gereicht werden. Das Originalrezept stammt aus dem Libanon, dort wird die Kichererbsen-Sesam-Paste als Vorspeise gegessen.

Kichererbsen-sprossenpaste »Hommos Bi Tahini«

1 Tasse Kichererbsensprossen
1 EL Tahini oder 3 EL Sesamöl
2 EL Sesamsamen, püriert
1 Aubergine
1 Prise Kelp
2 EL Zitronensaft, frisch gepreßt
1 EL Olivenöl
1 Knoblauchzehe, frisch gepreßt
1 Büschel Senfgrün

Die Kichererbsensprossen im Mixer zu einer feinen Paste schlagen • Die Aubergine mit der Gabel einstechen und im vorgeheizten Ofen bei ca. 220 Grad dünsten, bis sie weich ist. Die abgekühlte Aubergine wird anschließend püriert und mit den verbleibenden Zutaten für die Sauce vermischt • Die Paste in einer Schale glattstreichen, die obere Schicht mit einem EL Olivenöl abdecken und dann zum guten Durchziehen für einige Stunden in den Kühlschrank stellen • Kurz vor dem Servieren die Paste mit dem Senfgrün dekorieren.

Hommos Bi Tahini ist eine sättigende Zugabe zu Getreide- und Gemüsesalaten.

Kichererbsensprossenpaste
»Hommos Bi Tahini«

Der große Kichererbsensalat für Gäste

2 Tassen Kichererbsensprossen
1 Tasse Sonnenblumensprossen
2 große Tomaten, in Achtel geschnitten
2 Äpfel, gewürfelt
2 Stangen Staudensellerie, in Scheiben geschnitten
3 kleine Kartoffeln, gekocht und in Würfel geschnitten
1 Peperoni, in feine Streifen geschnitten
1 rote Paprika, in feine Würfel geschnitten
12 schwarze Oliven
½ Tasse Pinienkerne
2 Knoblauchzehen, gepreßt
1 großes Büschel Buchweizengrün
1 kleines Büschel Senfgrün

Dazu: Salatsauce (S. 234)

Die Salatzutaten in einer großen Schüssel vermischen und mit der Grundsauce übergießen • Nach dem Durchziehen den Salat mit den beiden 12-Tage-Kräutern umsäumen.

Kichererbsenbällchen

2 Tassen Kichererbsensprossen, püriert
1 Tasse Möhren, fein geraspelt
2 Zwiebeln, gerieben
1 große Kartoffel, püriert
1 Knoblauchzehe, gepreßt
1 Prise Salz
½ TL Fenchelsamen, gestoßen
1 Tasse Sesamsprossen

Alle Zutaten bis auf die Sesamsprossen zu einer feinen Masse rühren und gut durchkneten • Mit leicht gefetteten Händen aus der Masse walnußgroße Kugeln formen und in den Sesamsprossen wälzen.

Die Bällchen lassen sich im vorgeheizten Ofen auf einem gefetteten Blech zu Kroketten backen. Ca. 15 Minuten bei 200 Grad sind ausreichend.

»Dummköpfe sollten mehr Kresse essen«, schimpfte Aristophanes. Doch nicht alle Griechen liebten das herbe Labsal, einigen war das aromatische Grün schlichtweg unangenehm, weil es die Nase quäle und beiße. Mit ihren antibiotischen Anteilen im Blatt ist die Kresse eine wichtige Medizin, besonders im sonnenlosen Winter, denn sie enthält sehr viel Vitamin C. Sie wirkt vorbeugend bei aufkommender Erkältung und soll auch als erste Hilfe gegen den morgendlichen Kater nach einer langen Nacht etwas nutzen.

Kartoffelsuppe mit Kresse

5 große, mehlige Kartoffeln
1 TL Kümmel
1 TL Salz
2 Lorbeerblätter
2 große Handvoll Kresse
2 EL Sesamöl
schwarzer Pfeffer, frisch gemahlen
1 Prise Kelp

Die sauber gebürsteten Kartoffeln mit Kümmel, Salz und Lorbeerblättern kochen. Nach dem Kochen pellen und im Kochwasser pürieren • Gewürze und Öl dazugeben • Die Suppe kurz zum Aufwallen bringen und umgehend in vorgewärmte Suppenschalen füllen • Teilen Sie die Kresse in vier Portionen auf, und geben Sie sie wie einen Strauß in die Mitte.

Diese Wintersuppe ergänzt ein leichter Luzernesalat (S. 278) zu einer vollständigen Mahlzeit.

Gefüllte Tomaten im Reisbett mit Kresse

4 große Tomaten
8 große Champignons
2 Handvoll Kresse
2 Tassen Reis, mit Safran gekocht
1 kleine Zwiebel, gerieben
1 Tasse Sonnenblumensprossen
½ TL Kelp
1 EL Tamari

Das obere Drittel der Tomaten abschneiden, die Tomate aushöhlen und beiseite stellen, bis die Füllung fertig ist • Die Champignons sehr fein hacken • Die Sonnenblumensprossen pürieren und die Zwiebel reiben • Die Sprossen und Champignons mit Kelp und Tamari würzen und zu einer Paste verbinden • Die Tomaten mit Kresse auslegen und mit der Paste füllen • Den Safranreis auf vier Teller verteilen, die gefüllte Tomate daraufsetzen, mit dem »Deckel« verschließen und mit einem Büschel Kresse verzieren.

Gefüllte Kürbisse, eingelegter Kürbis, süßsaure Marmeladen und Pasten – das Kürbisfleisch ist ein Quell für ungewöhnliche Rezepte. Doch wir halten uns an die Sprosse und streuen sie in Salate, in Obstspeisen oder bereiten einen Nußkäse.

Kürbiscreme

2 Tassen Kürbissprossen
1 Tasse Sojamilch
½ Zitrone, frisch gepreßt
½ Avocado
1 TL Honig
½ TL Ingwer, frisch gerieben
1 Prise schwarzen Pfeffer

Die Kürbissprossen fein mahlen • Die Avocado pürieren • In einer Schale alle Zutaten schaumig rühren. Diese mächtige Creme ist die Krönung eines Apfel-Möhren-Salats, schmeckt zu Luzernegrün oder zu einem Obstsalat, wenn er als Hauptmahlzeit gegessen wird.

Gefüllte Gurken mit Kürbissprossen

2 Gartengurken
1½ Tassen Kürbissprossen
1 Tasse Roggensprossen
3 EL Tofu, zerbröselt
½ Zitrone, gepreßt
2 EL Olivenöl
1 Prise Kelp
wenn möglich, frische Pfefferminze

Die Gurken gründlich waschen, halbieren und entkernen • Die Kerne werden gehackt und in eine Schüssel gegeben • Die Sprossen grob hacken und mit den übrigen Zutaten in die Schüssel zu den Gurkensamen mischen • Die Masse so lange durchkneten, bis eine gute Paste entstanden ist • Die Gurkenhälften mit der Paste füllen und mit den Minzblättern schmücken.

An Sommertagen eine erfrischende Speise, die lange vorhält.

Kürbiskäse

2 Tassen Kürbissprossen
½ Tasse Wasser
½ TL Kelp
1 TL Tamari
1 Knoblauchzehe, frisch gepreßt

Die Kürbissprossen grob hacken und würzen • Mit der Flüssig-

keit zu einer Paste verrühren, in ein Porzellangefäß füllen und an einem warmen Platz 8 Stunden fermentieren lassen.
Die Kürbiskerne sind voller essentieller Aminosäuren. Zwei Teelöffel Kürbiskerne ergeben 5 Gramm verwertbares Eiweiß.
Ich empfehle, den Käse mit einem leichten Salat und mit Weizenkeimen zu essen. Das lysinarme Getreide wird durch die Kürbiskerne zu einer sättigenden Hauptmahlzeit aufgewertet.

Der Leinsamen gleitet in Salate und kann auch zu einer Art Nußbutter gerührt werden. Als Sprosse haftet ihm noch Gallert an. Gemischt mit Getreide ist er eine unwiderstehliche Morgengabe.

Leinsamen-Nußbutter

½ frische Kokosnuß, geraspelt
1 Tasse Leinsamensprossen
1 TL Honig
½ TL Ingwer, frisch gerieben

Die Zutaten in eine Schüssel geben und zu einer sämigen Masse rühren • Je nach gewünschter Konsistenz kann etwas von der Kokosmilch hinzugegeben werden.

Ich reiche diese Nußbutter zu Staudensellerie oder als Dessert zu Orangen.

Leinsamensprossenmüsli

2 EL Leinsamensprossen
1 Tasse Roggensprossen
8 Aprikosen (frisch oder getrocknet)
1 Apfel, gerieben
½ Zitrone, frisch gepreßt
1 Handvoll Luzernegrün

Schneiden Sie die Aprikosen in feine Streifen und mischen Sie sie mit den übrigen Zutaten • Die Luzernen auf vier kleine Schalen verteilen und das Müsli darüber aufhäufen.

Es empfiehlt sich, die Roggenkörner und die Leinsamen zusammen keimen zu lassen.

Erdbeerparfait in Begleitung ungewöhnlicher Zutaten: Ölig-sanft ergänzt die kleine Leinsamensprosse die »kühle Creme«, während das Leinsamengrün pikant und frech die Erdbeersüße lockt.

Leinsamensprossen mit Blumenkohl

1 kleiner Blumenkohl, sehr fein geraspelt
1 Tasse Leinsamensprossen
2 EL Sesamöl
1 EL Weißweinessig
1 Prise Salz
1 Büschel Senfgrün

Verrühren Sie in einer Schale den Blumenkohl mit den Leinsamensprossen • Geben Sie tropfenweise das Öl in den Essig und schmecken Sie mit Salz ab • Die Sauce über den Salat gießen und unterheben • Verteilen Sie das Senfgrün auf vier Teller und füllen den Salat auf.

Wer von Leinsamen träumt, will der Volksmund wissen, wird reich und glücklich. Gesund wird, wer vom Grünen nascht. Es zergeht auf der Zunge.

Leinsamengrün mit gesäuertem Reis

2 Tassen Leinsamengrün
1 Tasse Reis (ungekocht), kein Langkornreis
4 EL Weißweinessig
1 TL Honig
1 Prise Salz

Den Reis körnig kochen, in ein Sieb geben und gut abtropfen lassen • In der Zwischenzeit in einer Porzellanschale den Honig mit dem Essig und dem Salz verrühren • Den heißen Reis dazutun und vorsichtig unterrühren • Warm oder auch abgekühlt den Reis auf vier Teller verteilen und mit dem Leinsamengrün dekorieren.

Eine schaumige Tomatencreme, die lediglich mit einem Hauch Tamari gewürzt wird, ist eine sanfte Ergänzung. Wer süß-sauren Geschmack bevorzugt, mag sich für eine Obstcreme aus Aprikosen (S. 243) entscheiden. Natürlich wird mit Stäbchen gegessen!

Leinsamengrün mit Mandarinen

2 Tassen Leinsamengrün
4 Mandarinen
2 kleine Bananen
1 Apfel, in Stifte geschnitten
Dazu: Obstcreme aus Aprikosen (S. 243)

Die Mandarinen in ihre Segmente teilen und auf vier Teller legen • Die Bananen der Länge nach halbieren und mit den Apfelstiften auf die Teller geben • Das Leinsamengrün in vier Portionen teilen und an den Tellerrand legen. Dazu die Aprikosencreme servieren.

Wer diesen Obstsalat nicht durch eine süße Sauce unterstreichen möchte, kann die Salatsauce (S. 234) darübergeben und den Salat als Vorspeise servieren.

Wer Silvester Linsen speist, wird im kommenden Jahr reich. Aberglaube? Die kreisrunden Hülsenfrüchte erinnern an Taler. Linsensprossen schmecken je nach der Sorte und Auskeimzeit mild, aber sehr intensiv nach Hülsenfrüchten.
Sie passen in Salate, Getreidespeisen und Suppen.

Linsensprossen auf Apfelscheiben

2 Tassen Linsensprossen
1 EL Bockshornkleesprossen
½ Sellerie, sehr fein geraspelt
2 Äpfel, halbiert, entkernt und in Scheiben geschnitten
½ Zitrone, gepreßt, zum Beträufeln der Apfelscheiben
1 Tasse Kresse

Die Sprossen und den Sellerie mit der Sauce mischen • Die mit dem Zitronensaft beträufelten Apfelscheiben auf vier Teller verteilen • Den Salat auf die Apfelscheiben häufen und mit der Kresse garnieren.

Variante: Auch gekochte Kartoffelscheiben sind eine gute Unterlage für den Sprossensalat.

Linsensprossensalat mit Croûtons

2 Tassen Linsensprossen
4 mittelgroße Salatkartoffeln
½ frische Ananas
1 kleine Peperoni
1 Tasse Croûtons (geröstete Brotwürfel)
1 Handvoll Rettichgrün

Sauce:
3 EL Sonnenblumenöl
3 EL Rotweinessig
1 kleine Zwiebel, fein gehackt
1 Prise Kelp
1 EL Tamari
1 Prise Ingwer, gerieben

Die gekochten Kartoffeln in kleine Würfel schneiden • Die Ananas schälen, in Scheiben schneiden und auf vier Teller verteilen • Die Kartoffeln mit den Sprossen und der kleingeschnittenen Peperoni vermischen und in die Mitte der Ananasscheiben geben • Die Zwiebeln im Öl bei sehr schwacher Hitze andünsten, mit dem Rotwein ablöschen und würzen • Die Sauce sofort über den Salat geben • Brotwürfel und Rettichgrün bilden einen Kranz um die pikante Speise.

Hier geben sich die Linsensprossen exotisch – wie ihre Herkunft. Auf Möhren und Sauerkraut gebettet, lassen sie sich auf pikante Gemüsecremes aus Tomaten und Kürbis ein.

Linsensprossen im Tomatenfond

2 Tassen Linsensprossen
½ Tasse Sonnenblumensprossen
6 reife Tomaten, gehäutet
2 rote Paprika
1 kleine Peperoni
2 Möhren
3 EL Olivenöl
3 Knoblauchzehen
2 kleine Schalotten, fein geschnitten
evtl. etwas Flüssigkeit
1 Prise Kelp
Tamari nach Geschmack
1 Bund frisches Basilikum

Alle Zutaten bis auf die Linsensprossen und das Basilikum nacheinander im Mixer pürieren und dann mischen • Die Suppe in Tassen füllen, die Linsensprossen hineinstreuen, die Basilikumblätter an den Rand legen.

Weißkohl-Linsensprossensalat

½ kleiner Weißkohl, hauchdünn geschnitten
1 Tasse Linsensprossen
1 Stange Bleichsellerie
1 kleiner, süßer Apfel
1 Tasse Kresse

Dazu: Mandelpaste mit Rettich (S. 237)

Sellerie und Apfel kleinschneiden und mit dem Weißkohl vermischen • Anschließend die Sprossen unterheben • Verteilen Sie den Salat auf den Tellern und garnieren ihn mit der Kresse • Die Sauce separat dazu servieren und bei Tisch über den Salat geben.

Vom Morgen bis zum Abend: Luzerne.
Nahezu jede Speise ergrünt vorzüglich mit dem sanften Kraut. Es ist Würze, vollständiger Salat und Zutat zu heilenden Säften. Ich liebe die kleine Pflanze zu Obst und Desserts.

Feigensalat mit Luzernegrün

8 frische Feigen
4 Tassen Luzernegrün
½ Tasse Mandeln, in Stifte geschnitten

Dazu: Mandelpaste mit Sonnenblumenkernen (S. 192)

Die Feigen häuten und vierteln • Das Luzernegrün auf vier Teller verteilen und die Feigen darauflegen • Die Mandelstifte über die Feigen streuen und die Paste separat dazu reichen.

Wer statt der frischen Feigen getrocknete Früchte verwenden will, sollte sie 12 Stunden vor der Zubereitung des Obstsalates einweichen.

Warmer Kartoffelsalat mit Luzernegrün

2 Tassen Luzernegrün
8 mittelgroße Kartoffeln
2 Tomaten, gehäutet und kleingeschnitten
1 Apfel, in Würfel geschnitten
½ Zitrone, frisch gepreßt
½ Salatgurke, in Stifte geschnitten
1 TL Senfkörner, gemahlen
3 Zwiebeln, fein geschnitten
4 EL Öl
2 EL Essig

Die Tomaten, die Salatgurke und den mit der Zitrone beträufelten Apfel in eine Schüssel geben • Die mit der Schale gekochten Kartoffeln pellen, in feine Scheiben schneiden und unter die anderen Zutaten mischen • Die Zwiebeln im Öl glasig dunsten, mit Essig ablöschen und mit Senfmehl und Salz abschmecken • Die Sauce über den noch warmen Kartoffelsalat geben und das Luzernegrün sanft unterheben.

Der Kartoffelsalat kann auch sehr gut kalt gegessen werden. Statt der Senfkörner bietet es sich an, Senfsprossen oder Senfgrün zu verwenden.

Eine außergewöhnliche Vorspeise: Auf den kreisrunden Blättern der Kapuzinerkresse haben sich behäbig Tofu- und Nußpasten niedergelassen. Das Luzernegrün von zarter Bitternis rundet mit dem Fruchtpüree aus Erdbeeren das Festessen ab.

Luzernegrün mit Melonenwürfeln

2 Tassen Luzernegrün

1 kleine Honigmelone, entkernt und in Würfel geschnitten

2 Tassen Hirse, gekocht

Dazu: Avocadocreme (S. 239)

Die Hirse vorsichtig unter die Melonenwürfel mischen • Das Luzernegrün kranzförmig auf vier Teller verteilen • Die Melonenmasse in die Mitte geben und dazu die Avocadocreme servieren.

Eine kühle Erfrischung für heiße Sommertage.

Die frischesten Gartenerbsen können nicht besser schmecken als die Mungbohnensprosse. Sie verführen zu phantasievollen Salaten. Die Mungbohne wird zu Recht als die Sprosse der Sprossen bezeichnet.

Anders als die Lunjabohne, die wir aus der chinesischen Küche und aus unserem Marktangebot kennen, ist die Sprosse aus dem Zimmergarten fest und knackig. Grün leuchtet ihre Schale. Die Lunjabohnen werden auf einen langen Keimling hin gezüchtet und verlieren dabei den größten Teil ihrer Nahrungsenergie. Die Mungsprosse ist gerade für den Übergang zur lebendigen Nahrung ein hilfreicher Begleiter. Mit dem Zauber typisch chinesischer Ingredienzen – getrocknete Pilze, Buchweizennudeln und dem guten Tamari – ist die Sojasprosse wegweisend in den pfannengerührten Speisen, denn sie hat den typisch knackigen Biß, der die chinesische Küche durch die spezielle Zubereitung auszeichnet.

»Reingelegte« Mungbohnen

3 Tassen Mungbohnensprossen
1 Tasse Champignons, in feine Scheiben geschnitten

Zutaten für die Marinade:
5 EL Sojaöl
3 EL Weinessig
3 EL Tamari-Sauce
1 Knoblauchzehe, frisch gepreßt
1 Lorbeerblatt, zerstoßen
1 TL Ingwer, frisch gerieben
1 Tasse Kresse
1 Büschel Rettichgrün

Die Mungbohnensprossen mit den Pilzen in einen Steinguttopf füllen • Die Zutaten für die Marinade in einem kleinen Kochtopf kurz aufkochen, dann die Marinade über Sprossen und Pilze gießen • Nach 24 Stunden ist die Marinade wirkungsvoll in das Gemüse gedrungen, und die Bohnensprossen können mit einer grünen Zutat aus Kresse oder Rettich verspeist werden.

Wer den bräunlich gefärbten Sprossen einen delikaten Untergrund als optischen Kontrast geben möchte, wähle dazu einen in Scheiben geschnittenen weißen Rettich.

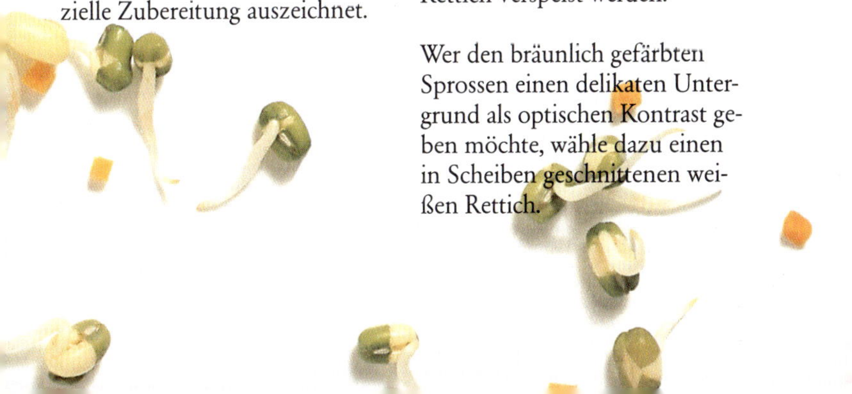

Mungbohnensprossen mit Champignons

500 g Champignons, blättrig geschnitten
1 Tasse Mungbohnensprossen
1 Tasse Buchweizennudeln, gekocht
Sonnenblumengrün, Kresse

Dazu: Salatsauce (S. 234)

Alle Zutaten vermischen und in Dessertschalen verteilen, die mit dem Sonnenblumengrün ausgelegt sind • Die Sauce anrühren und unmittelbar vor dem Verzehr über den Salat geben • Die Kresse rundet das Bild und den Geschmack ab.

Mungbohnensprossen in Annäherung an Blumenkohl und Möhre.

Mungbohnensprossen mit Blumenkohl

2 Tassen Mungbohnensprossen

1 sehr kleiner Blumenkohl,
¼ Stunde in Salzwasser gelegt

2 kleine Möhren,
in feinste Würfel geschnitten

einige Salatblätter

Sauce:

3 EL Walnußöl

1 Knoblauchzehe, frisch gepreßt

2 EL Zitronensaft

1 Messerspitze Kümmel, gemahlen

1 Prise Kelp

Dazu: Kresse oder Rettichgrün

Zerpflücken Sie den Blumenkohl, der durch das Salzwasser von Insekten befreit wurde, in kleine Röschen • Den Strunk des Kohls raspeln und anschließend im Mixer mit dem Öl und den restlichen Zutaten für die Sauce zu einer weichen Creme rühren • Richten Sie die Blumenkohlröschen und die Möhrenwürfel auf den Salatblättern an und geben die Sojasprossen hinzu • Obenauf kommt dann die Kresse oder das Rettichgrün • Die Sauce wird in einer kleinen Schale separat auf den Tisch gestellt und vor dem Essen darübergegeben.

Mungbohnensprossen mit Reis

4 Tassen Mungbohnensprossen

2 Tassen Reis, über Nacht eingeweicht

Sauce:

1½ TL Honig

1 EL Weinessig

3 EL Tamari

3 EL Sesamöl

2 Frühlingszwiebeln,
in feine Scheiben geschnitten

½ TL geriebener Ingwer

Sesamsprossen

Den Reis in einen Topf geben und etwa zwei Finger hoch mit Wasser bedecken. Nach dem Aufkochen die Flamme auf die kleinste Stufe stellen. Nach einer Garzeit von ca. 40 Minuten bei geschlossenem Topf ist der Reis körnig und gar. Wird der Reis nicht vorgeweicht, erhöht sich die Garzeit um ca. 10 Minuten • In der Zwischenzeit die Sauce zubereiten • Die Frühlingszwiebeln im Sesamöl kurz andünsten, mit dem Essig ablöschen und würzen. Evtl. etwas Tafelwasser hinzugeben • Die Mungbohnensprossen unter den Reis mischen • Danach die Sauce darübergeben und umrühren • Zum Schluß den Salat mit den Sesamsprossen bestreuen.

Mungbohnensprossen in einfacher Brühe

¾ Liter Brühe, zubereitet aus Hefebrühe (Reformhaus)

2 Tassen Mungbohnensprossen

1 Tasse Sonnenblumengrün

Die Brühe nach Anweisung und gewünschter Geschmacksintensität zubereiten • Die Sprossen kurz vor dem Servieren dazugeben • Die Suppe sofort servieren und mit dem Sonnenblumengrün verzieren.

Diese einfache Suppe ist sehr schnell zubereitet und eignet sich hervorragend als kleine Zwischenmahlzeit. Sie wärmt und sättigt.

Die dunkle, feste Roggensprosse überrascht mit einem sanften Schwarzbrotgeschmack. Sie schafft Substanz im Salat. Ungewöhnlich schimmert ihr silbriges Blaugrün. Was den eingebildeten Römern am Roggen barbarisch schien, erquickt und sättigt in der Sprossenküche. Die Roggenwinzlinge sind kräftig wie ihre Ähre.

Bunter Roggensalat

2 Tassen Roggensprossen
1 Tasse Adzukibohnensprossen
2 Möhren, geraspelt
¼ Weißkohl, in feine Streifen geschnitten
6 Radieschen, in Scheiben geschnitten
3 Frühlingszwiebeln, fein gehackt
1 Salatgurke, in Scheiben geschnitten
1 Tasse Kresse

Sauce:
2 EL Sesamöl
1 EL Essig
½ Limone, frisch gepreßt
1 TL Honig
2 EL Kokosraspeln
Tamari nach Geschmack
1 Prise Kelp

Die Zutaten werden in einer großen Schüssel gut vermischt und mit der Salatsauce übergossen. Der farbenfreudige Salat ist eine sättigende Hauptmahlzeit.

Roggenbällchen

2 Tassen Roggensprossen
1 Tasse Tofu, zerbröselt
1 Tasse Sellerie, gerieben
½ Tasse Mandeln, gerieben
½ Tasse Rosinen, geweicht
1 EL Kokosraspeln
1 Tasse Sesamsprossen

Alle Zutaten miteinander vermischen • Aus der Masse Bällchen formen, die dann mit den Sesamsprossen ummantelt werden. Variante: Walzen Sie die Bällchen in Hirsesprossen.

Eckig gibt sich der »Rockburger« aus Roggensprossen. Die Reineclaude am Rande bekennt sich zum Roggenmüsli am Morgen.

Roggenpaste in Weißkohlblätter gewickelt

- *2 Tassen Roggensprossen*
- *2 kleine Zwiebeln, gerieben*
- *1 Knoblauchzehe, gepreßt*
- *2 Scheiben Brot, in Wasser geweicht und ausgedrückt*
- *½ Zitrone, gepreßt*
- *5 EL Olivenöl*
- *½ Tasse Pinienkerne, gemahlen*
- *1 Tasse Kresse*
- *4 Weißkohlblätter*

Die Roggensprossen pürieren und anschließend mit den übrigen Zutaten zu einer cremigen Paste rühren • Die Roggenpaste auf die blanchierten Kohlblätter verteilen • Die Kohlblätter zusammenrollen, mit Kresse garnieren und als Vorspeise servieren.

Roggenmüsli

- *2 Tassen Roggensprossen*
- *1 EL Leinsamensprossen*
- *1 Apfel, gerieben*
- *1 Zitrone, frisch gepreßt*
- *2 Möhren, gerieben*
- *4 Walnüsse, frisch geknackt*
- *1 Bund Luzernen*

Die Zutaten vermischen und durch jedes beliebige Obst der Saison ergänzen. Es empfiehlt sich, Leinsamen- und Roggensprossen im gleichen Glas zu züchten.

Schärfe herrscht vor. Reinigende Kraft liegt im Rettichgrün. An die pikante Würze muß man sich gewöhnen, um sie zu genießen. Wer verstockte Gedanken hat, so heißt es nach einer alten Weisheit, kann sich durch die Schärfe des Rettichs befreien. Ich setze dem Scharfen die Süße entgegen – und mag es nur ein Hauch von Honig sein.

Birnensalat mit Rettichgrün

2 große, reife Birnen
½ Rettich, geraspelt
1 Apfel, geraspelt
1 Handvoll Rettichgrün

Dazu: Obstcreme aus Aprikosen (S. 243)

Die Birnen halbieren und entkernen • Apfel und Rettich miteinander vermischen und auf vier Teller verteilen • Das Rettichgrün in vier Teile teilen und über den geraspelten Salat legen • Die Birnenhälften in die Mitte setzen • Zum Schluß wird die Aprikosencreme übergegossen.

Für dieses Rezept ist es wichtig, daß die Aprikosencreme als erstes zubereitet wird.

Hirsesalat mit Rettichgrün

2 Tassen Rettichgrün
2 Tassen gekochte Hirse
2 Möhren, geraspelt
1 kleine Chilischote, fein gehackt
2 EL Rosinen, geweicht
½ Tasse Mandeln, abgezogen und in Stifte geschnitten
schwarzer Pfeffer aus der Mühle
Essig und Öl im Verhältnis 2:1

Alle Zutaten in einer Schüssel verbinden und mit dem Senfgrün schmücken • Die Salatsauce kann kalt oder warm über den Salat gegossen werden.

Gefüllte Tomaten mit Rettichgrün

4 große Tomaten
250 g Tofu
2 Tassen Rettichgrün
1 Tasse gekochten Reis
1 Prise Salz

Die Tomaten aushöhlen • Den Tofu zerbröseln, mit dem Reis vermischen und mit Salz abschmecken • Zunächst das Rettichgrün und anschließend die Füllung in die Tomaten geben.

Ein Endiviensalat ergänzt die gefüllten Tomaten zu einer Hauptmahlzeit.

»Gleich und gleich gesellt sich gern« – eine Symbiose von Rettichgrün und Radi.
Die Aprikosencreme erhöht den scharfen Genuß.

»Der Senf macht die Augen klar, aber er bewirkt Benommenheit im Kopf, und rechte Verdauung schafft er nicht.« Soweit Hildegard von Bingen über de sinape. Hätte sie nur das Senfgrün gekannt! Paarweise stehen die kleinen Blättchen von tiefem Grün mit ihrer auberginefarbenen Unterseite auf transparentem Stiel mit Stichelhaar.

Der Geschmack – wie könnte es anders sein – gleicht kleinen vegetabilen Flammen und entzündet unsere Lebensgeister.
Ins Schwärmen kommend würde ich verheißen: ein prickelnder Odem.
Im Volksmund heißt der Senf »Gottesgnadenkraut«.

Senfgrün im Orangensalat

2 Tassen Senfgrün
2 Orangen, geschält und in kleine Würfel geschnitten
1 kleine Fenchelknolle, geraspelt
½ Tasse Mandeln, in Stifte geschnitten
½ Tasse Rosinen, geweicht

Sauce:
1 Orange, gepreßt
1 EL Essig
2 EL Sesamöl
1 Knoblauchzehe, gepreßt
1 TL Honig
Tamari nach Geschmack
1 Prise Kelp

Die Salatzutaten werden in Kreisen auf vier Tellern verteilt, mit dem Grün umrandet, mit der Sauce übergossen und umgehend serviert.

Champignonsalat mit Senfgrün

2 Tassen Senfgrün
500 g Champignons, in Scheiben geschnitten
2 Tassen Reis, gekocht
½ Tasse Rosinen, geweicht
½ Zitrone, gepreßt
schwarzer Pfeffer aus der Mühle

Dazu: Avocadocreme (S. 239)

Die geschnittenen Champignons mit der Zitrone übergießen und mit den anderen Zutaten vermischen • Reichen Sie die Avocadocreme separat zum Salat.

Senfgrün mit Chicorée

2 Tassen Senfgrün
4 Chicorée, in Scheiben geschnitten
1 Apfel, in Stifte geschnitten
8 Walnüsse, geknackt und halbiert
1 Tasse Croûtons (geröstete Brotwürfel)

Dazu: Salatsauce (S. 234)

Alle Zutaten in einer Schüssel vermischen, mit der Sauce aus Essig und Öl übergießen und sofort servieren.

Aus dem unscheinbaren, sandfarbenen Winzling fließt ein vortreffliches Öl. Sesam ist wie Mohnsamen auch delikate Würze. Nach der Keimung ist das Fett selbst für den überempfindlichen Magen bekömmlich. Die aufgespaltenen essentiellen Fettsäuren sind Schonkost.

Sesamkonfekt

1½ Tassen Sesamsprossen
4 Feigen, geweicht und kleingeschnitten
8 Datteln, entkernt und kleingeschnitten
8 Backpflaumen, entkernt und kleingeschnitten
½ Tasse Kokosflocken
½ Tasse Rosinen
½ Tasse Mandeln, abgezogen und püriert
1 TL Honig
½ TL Ingwer, gerieben
1 Prise Muskatnuß
1 Prise Nelke
½ Zitrone, gepreßt
½ Orange, gepreßt

Die Zutaten, außer dem Sesam, durch den Fleischwolf drehen und in einem verschlossenen Gefäß einen Tag zum Durchziehen in den Kühlschrank stellen • Dann aus dem Teig kleine Kugeln formen und in den Sesamsprossen wälzen.

Die Sesamkugeln sind ein mächtiges Naschwerk. Sie stillen selbst den Heißhunger auf Schokolade.

Weißkohlsalat mit Sesamsprossen

1 Tasse Sesamsprossen
1 kleiner Weißkohl, fein geraspelt
3 Scheiben Ananas, klein geschnitten
1 EL Sesamöl
2 TL Kümmel
Pfeffer und Salz nach Geschmack
1 Tasse Kresse

Dazu: Salatsauce (S. 234)

Den geraspelten Kohl mit dem Öl etwas weichstampfen • Den zerstoßenen Kümmel mit den restlichen Zutaten unter den Weißkohl mischen • Die Salatsauce und die Sesamsprossen unterheben • Zum Schluß den Salat mit Kresse überstreuen.

Eine kleine geraspelte Sellerieknolle kann die Ananas ersetzen und gestoßener Fenchelsamen den Kümmel.

Bananen in Sesamhülle

4 kleine, reife Bananen
1½ Tassen Sesamsprossen
2 EL Honig
1 Prise Ingwer, frisch gerieben
etwas Tafelwasser

Den Honig mit etwas Tafelwasser verdünnen und mit Ingwer abschmecken • Die geschälten Bananen mit dem Honigwasser einpinseln • Die Sesamsprossen auf einem Teller ausstreuen und die Bananen darin wälzen.
Um den Geschmack des Sesams noch eindeutiger zu machen, kann die ummantelte Banane mit einem Klecks Sesampaste (Tahini) serviert werden. Wer den Bananen einen orientalischen Zauber geben möchte, sollte mit einer entsprechenden Menge Honig und Wasser eine Sauce bereiten, die mit zerstoßenen Gewürzsamen aus Anis, Fenchel und Kreuzkümmel angereichert ist.

Bohnen erzählen Geschichten. Sie sind geheimnisvoll. Im Altertum galten sie als chthonische Opfergaben. Ihr Genuß war den Göttern vorbehalten.
Sheng Nung beschreibt in seinem Pflanzenkundebuch die Vielzahl der Bohnen. Und welche Pracht und Varietät kommt zum Vorschein, wenn wir an die asiatische Küche denken: fermentierte Saucen und Pasten, Tofu der Bohnenquark, Sojabohnenmilch, Sojaöl. Und Gebäck aus Sojamehl, das mit seinen Eigenschaften Eier vollkommen ersetzen kann, da es sich sehr gut als Bindemittel eignet.
Es wäre falsch, in den gelben Sojabohnen nur einen Fleischersatz zu sehen – sind sie ihm doch in jeder Weise überlegen. Das Protein der Sojabohne ist komplett, wohl balanciert und von hohem biologischen Wert. Das alkalische Gemüse ist ausgesprochen nahrhaft. Schon kleine Portionen des konzentrierten Nahrungsmittels versorgen uns mit der täglichen Menge an Protein.

Um die Qualität des Proteins nicht zu mindern, sollten die Sprossen nur gekeimt und nicht gekocht gegessen werden. Wer allerdings den exotischen Geschmack der Sprosse etwas mildern möchte, mag sie maximal fünf Minuten über Wasserdampf erwärmen (nicht kochen!) um Vitamine, Enzyme und Proteine zu schonen.

Sojabohnensprossen mit Nudeln

2 Tassen Sojabohnensprossen
250 g Vollkornnudeln
3 Frühlingszwiebeln, in Streifen geschnitten
1 rote Paprikaschote, gewürfelt
4 mittelgroße Champignons, blättrig geschnitten
2 EL Sesamöl
1 Prise Kelp
Tamari nach Geschmack
1 Tasse Rettichgrün

Sauce:
3 EL Sesamöl
1 EL Tamari
2 EL Sherry
1 EL Essig
1 EL Sesamsprossen
1 Prise Ingwer

Marinierte Sojasprossen mit Champignonstreifen

Die Gemüsezutaten mit 1 EL Öl blitzschnell andünsten, damit sie knackig bleiben • Das Öl abgießen und die Gewürze hinzugeben • Die Nudeln in sprudelndem Wasser kochen und anschließend mit kaltem Wasser abschrecken • Im restlichen Öl die Nudeln knusprig braun braten und auf vier Teller verteilen • Das lauwarme Gemüse jeweils in die Mitte geben • Das Rettichgrün kleinschneiden und darüberstreuen • Die Zutaten für die Sauce in einer Schale verrühren und entweder kalt oder im Wasserdampf erwärmt über das Gemüse geben.

Eine sättigende Mahlzeit – auch wenn Gäste kommen.

Sojabohnensprossen – pfannengerührt

Dem Ursprungsland der gelben Sojabohne entsprechend werden sie in der Pfanne gerührt (am besten in einem chinesischen Wok).

- *2 Tassen Sojabohnensprossen*
- *4 Stangen Frühlingszwiebeln*
- *½ Blumenkohl, in Röschen zerpflückt*
- *1 Tasse Nüsse, nach Wahl*
- *2 EL Sesamöl*
- *2 EL Tamari*

Den grünen Teil der Frühlingszwiebeln in feine Streifen schneiden – den weißen ganz lassen • Das Öl in die erhitzte Pfanne geben • Die Gemüsezutaten unter ständigem Rühren andünsten • Zum Schluß die Sprossen hinzufügen und ganz kurz mitdünsten • Das Gemüse würzen und umgehend in vorgewärmten Schalen mit Reis servieren • Die Nüsse können entweder mitgedünstet oder aber anschließend über das Gericht gestreut werden.
Das Pfannenrühren dauert ca. 3, allerhöchstens 5 Minuten.

Sojabohnenkroketten

- *3 Tassen gelbe Sojabohnensprossen*
- *1 Tasse Weizensprossen*
- *6 EL Vollweizenmehl*
- *2 kleine Zwiebeln, gerieben*
- *1 Knoblauchzehe, gepreßt*
- *2 EL Öl*
- *1 EL Tahini*
- *Tamari und Kelp nach Geschmack*
- *Tafelwasser bei Bedarf*
- *1 Tasse Sesamsprossen*

Den Backofen auf 200 Grad vorheizen • Die Sojabohnen grob pürieren und in einer Schüssel mit den anderen Zutaten zu einem Teig verkneten • Aus der Masse Kroketten formen, in den Sesamsprossen wälzen und auf ein geöltes Backblech legen • Die Kroketten ca. 20 Minuten im Ofen backen.

Diese warme Knusperspeise durch einen kühlen Salat vollenden.

Aus den ungeschälten Sonnenblumenkernen wächst fettes Grün – eine kleine »Speckpflanze«. Sie schmeckt nach warmem Sonnenschein und milder Nuß. Sonnenblumengrün ist ein unbeschreiblicher Genuß. Als selbständiger Salat sättigt es über Stunden. Hier liegt das Credo der Sprossenküche: kleine Portionen langsam genießen und viel Kraft sammeln für das Lebensgefühl.
Sonnenblumengrün, ins herbe Weizengras gemischt und zu Saft gepreßt, gibt geballte Energie und ist Grundlage für die Zeit einer Reinigungskur.

Sonnenblumensprossen mit Zucchiniraspeln

2 Tassen Sonnenblumensprossen
2 Zucchini, in Scheiben geschnitten
1 kleine Honigmelone
1 EL Bockshornkleesprossen

Dazu: Gurkencreme (S. 239)

Die Melone vierteln, entkernen und auf vier Teller setzen • In Form eines Halbmonds die Zucchinischeiben darum herum legen und den Kreis mit den Sonnenblumensprossen vollenden • Die Gurkencreme in die Mitte gießen • Zum Schluß die Bockshornkleesprossen über diese erfrischende Mahlzeit streuen.

Die grüne Revolution am Morgen: Ein Frühstück mit Sonnenblumengrün für 2 Personen

1 Handvoll Sonnenblumengrün
1 Tasse Roggensprossen
1 Apfel, geraspelt
1 Birne, in feine Scheiben geschnitten
2 EL Rosinen, geweicht
2 EL Kresse
1 Orange, ausgepreßt
½ Tasse Nußcreme
2 EL Sesamsprossen

Die Zutaten auf zwei Schalen verteilen, Orangensaft und Nußcreme in die Mitte geben und die Sesamsprossen zum Schluß über das Frühstück streuen.

Fruchtsalat mit Sonnenblumensprossen

1½ Tassen Sonnenblumensprossen
500 g Früchte der Saison, zerkleinert
1 Tasse Luzernegrün

Dazu: Obstcreme aus Aprikosen (S. 243)

Die Zutaten vermischen und mit dem Luzernegrün verzieren • Die Aprikosencreme wird separat gereicht.

Je nach Wahl der Früchte kann der Salat als leichtes Dessert oder als hungerstillende Zwischenmahlzeit gegessen werden. Wer das Außergewöhnliche liebt, sollte den Fruchtsalat mal mit der Salatsauce (S. 234) servieren.

Eine Vorspeise für ein Festessen mit Sonnenblumengrün

Sonnenblumengrün
Agar-Agar
Tafelwasser
Wein

Sonnenblumengrün zittert im matten Kegelberg.
Gehüllt in transparente Landschaft wartet es auf den Verzehr.
Doch vielleicht werden die Kegel wie Zuckerhüte im Nebel des Herbstes zerfließen.
Es scheint so greifbar nah, wie die Ankunft der Gäste.
Mir gefällt eine Vinaigrette zum Kegelberg. Sie wahrt die Transparenz – ist zartgrün. Doch soll sie nur mit leichtem Öl geschlagen sein, da diese Vorspeise etwas mächtig ist.

Das Sonnenblumengrün wird geerntet und zu kleinen Sträußchen gewickelt • Agar-Agar – Algenmehl aus dem Reformhaus – zu gleichen Teilen mit gewürztem Wein und Wasser verrühren und aufkochen. Die Flüssigkeit nach kurzem Abkühlen in die nassen Gläser und über die Sträuße gießen • Agar-Agar bindet sehr schnell ab, und es bedarf nur kurzer Vorbereitungszeit • Stürzen!

Wer sich den braunen Bergen Chinas verpflichtet fühlt, der kann eine Sojasauce zum Gallertkegel reichen (s. Bild Seite 204/205).

Gebündeltes Sonnenblumengrün mit »Haut und Haar« in Harmonie mit Böhnchen und Tomatenschaum

Sojasauce

6 EL Soja-Tamari-Würze
3 EL Maiskeimöl
1–2 EL Essig
1 Scheibe frischen Ingwer, gerieben
1 kleine Knoblauchzehe, frisch gepreßt
Honig

Die Zutaten, mit der Sojasauce beginnend, verrühren und gut durchschlagen.

Morgensalat mit Sonnenblumensprossen

1 Tasse Sonnenblumensprossen
½ Tasse Weizensprossen
2 EL Sesamsprossen
2 Äpfel, geraspelt
2 Bananen, in Scheiben geschnitten
1 Tasse Rosinen, geweicht

Alle Zutaten vermischen und in Schälchen verteilen. Nun kann der Tag beginnen.

Variante: Anstelle der Äpfel geraspelte Möhren nehmen.

Rot-weißer Salat mit Sonnenblumengrün

2 Tassen Sonnenblumengrün
½ kleiner Blumenkohl, geraspelt
1 rote Paprika, in Scheiben geschnitten

Sauce:
1 Tasse Sonnenblumensprossen, 1 Tag gekeimt
½ Zitrone, gepreßt
½ Tasse Tafelwasser
Tamari und Kelp nach Geschmack

Die Salatzutaten werden auf einer runden Platte kreisförmig angeordnet und jeweils mit kleinen Büscheln des Sonnenblumengrüns gespickt • Die Zutaten für die Sauce werden im Mixer püriert und löffelweise auf dem Salat verteilt.

Smaragdsalat mit Sonnenblumengrün

2 Handvoll Sonnenblumengrün
1 kleine grüne Paprikaschote, in lange Streifen geschnitten
1 kleine Handvoll Roggensprossen
1 Stange Sellerie, in sehr feine Scheiben geschnitten
1 Handvoll Luzernegrün

Sauce:
1 Avocado, sehr reif
2 EL Zitrone
1 TL Tamari-Sauce
schwarzer Pfeffer, grob gemahlen

Die Zutaten für die Sauce im Mixer zu einem Püree schlagen, evtl. etwas Mineralwasser hinzugeben • Die Salatzutaten auf vier Desserttellern verteilen. Die Sauce teelöffelweise darübergeben.

Schon Hildegard von Bingen erkannte die schleimbildende Wirkung des Weizens. Unser Hauptnahrungsmittel hat ein Übermaß an sauren Mineralien und kann alkalische Reserven angreifen. Allergische Reaktionen auf das Gluten im Weizen häufen sich, und man sollte nicht so sicher sein, daß wirklich jeder vorbehaltlos Müsli aus geschrotetem Weizen essen kann!
In gesprossener Form wird die schleimbildende Stärke in Einfachzucker abgebaut.
Die hochwertigen Weizensprossen können vorbehaltlos gegessen werden. Von morgens bis abends ergänzen sie mit ihren gebündelten Vitaminen andere Speisen.

Sonnenchapatis mit Weizensprossen

2 Tassen Weizensprossen
2 Tassen Roggensprossen
1 kleine Zwiebel, sehr fein gehackt
2 TL Kümmel, gemahlen
1 TL Kelp oder etwas Salz

Alle Zutaten im Mixer pürieren • Die feste, fast zähe Masse zu Bällchen formen, die anschließend hauchdünn ausgerollt werden (evtl. zwischen Pergamentpapier oder Folie) • Im Sommer können Sie die Chapatis in der Sonne trocknen, im Winter in einem Trockner für Dörrobst. Je dünner die Fladen gerollt sind, desto knuspriger werden sie.

Rote-Bete-Suppe mit Weizensprossen

1 Tasse Weizensprossen
3 Rote Bete, geraspelt
1 kleine Zwiebel, fein gehackt
½ Weißkohl, in feine Streifen geschnitten
3 Tomaten, enthäutet und geviertelt
3 Möhren, geraspelt
2 EL Olivenöl
¾ Liter Gemüsebrühe
1 Knoblauchzehe, gepreßt
1 Zitrone, gepreßt
1 TL Honig
1 Prise Kelp

Dazu: Mandelpaste mit Sonnenblumenkernen (S. 234)

Die Zwiebeln im Öl andünsten und mit der Gemüsebrühe ablöschen • Die restlichen Zutaten bis auf die Weizensprossen unter die Brühe rühren und kurz erwärmen • In der Zwischenzeit vier Suppentassen mit den Weizensprossen auskleiden und die erwärmte Suppe einfüllen • Zum Schluß kommt etwas Mandelpaste in die Mitte, um die Suppe sämiger zu machen und sie zu einer vollständigen Mahlzeit aufzuwerten.

Weizensprossenbrot in einer Kastenform ausgebacken. Der Teig für dieses Brot ist identisch mit dem Rezept für die Sonnenchapatis. Das Brot wird bei 150 Grad 30 Minuten im Ofen gebacken.

Pastete aus Weizensprossen

4 Tassen Weizensprossen
4 kleine Zwiebeln, gerieben
2 Äpfel, gerieben
2 Stangen Sellerie, in Scheiben geschnitten
4 EL Rosinen, geweicht
1 EL Tamari
1 Tomate
3 EL Sesam
½ Tasse Leinsamen
½ Tasse Kürbiskerne

Die Weizensprossen durch den Fleischwolf drehen und mit den restlichen Zutaten für die Pastete zu einem Teig formen • Die Masse in eine Kuchenform füllen und 30 Minuten bei 200 Grad backen • Die Tomate enthäuten, achteln und in der Mitte auffächern • Den Tomatenkranz mit dem Sesam umranden und anschließend den Leinsamen und die Kürbiskerne ebenfalls kreisförmig auf der Pastete verteilen.

Wird diese Pastete abgekühlt mit einer Obstcreme aus Aprikosen (S. 243) serviert, ersetzt sie die herkömmliche Torte beim Kaffeeklatsch.
Auch roh schmeckt die Pastete vorzüglich.

Weizengrün für Ann Wigmore

Am Nikolaustag, so war es lange Zeit Brauch in Tirol, wurde Weizen in eine Schale gegeben und feucht gehalten. Wenn er bis Weihnachten handhoch und dicht gewachsen war, bedeutete die grüne Pracht ein sicheres Zeichen für ein gutes Weizenjahr.

Das hochwertige Weizengras kann kleingeschnitten wie Schnittlauch als Würze in Suppen und Salate hineingestreut werden.

Hauptsächlich wird es zu Saft gepreßt. Der Geschmack des Weizengrassaftes ist wohl einer der intensivsten und läßt sich mit nichts vergleichen. Sein Geruch ist potenziertes Aroma vom ersten Wiesenschnitt im Frühjahr. Alles andere ist Erfahrung und orientiert sich an Ihrer Offenheit dem Neuen gegenüber.

Rezepte für Weizensäfte s. S. 55.

Vom Essen und Trinken

Und er sprach also:

»Ach! Könntet ihr doch leben vom Duft der Erde und euch nähren am Licht, gleich einem Luftgewächse!
Aber da ihr gezwungen seid zu töten, um zu essen, und zu rauben dem Neugeborenen seiner Mutter Milch, um euren Durst zu stillen, so machet aus dem Zwang einen Akt der Verehrung.
Und euer Tisch sei ein Altar, auf dem das Reine und Unschuldige aus Wald und Fluß geopfert werde für das, was im Menschen noch reiner und unschuldiger ist.
Tötet ihr ein Tier, so spreche euer Herz zu ihm:
›Durch die gleiche Macht, die dich erschlägt, werd' ich erschlagen; und auch ich werde verzehret.
Denn das Gesetz, das dich ausliefert meiner Hand, liefert mich einer mächtigeren Hand aus.
Dein Blut und mein Blut ist nichts als der Saft, der den Baum des Himmels nähret.‹
Und zermalmt ihr einen Apfel unter den Zähnen, so spreche euer Herz zu ihm:
›Dein Same wird leben in meinem Körper,
Und deine Knospen von morgen werden aufblüh'n in meinem Herzen.
Und dein Duft wird mein Atem sein.
Und gemeinsam werden wir uns freun aller Zeiten des Jahres.‹
Und im Herbste, wenn ihr die Trauben eurer Weinberge für die Kelter erntet, so spreche euer Herz:
›Auch ich bin ein Weinberg, und meine Trauben werden gelesen für die Kelter.
Und gleich neuem Wein werd' ich verwahrt in ewigen Gefäßen.
Und im Winter, wenn ihr den Wein zapfet, sei ein Lied in eurem Herzen;
Und in dem Lied sei ein Gedenken an die Tage des Herbstes und an den Weinberg und die Traubenkelter.‹«

Kahlil Gibran (geb. 1883)

Weiterführendes Literaturverzeichnis

Capra, Fritjof: Wendezeiten. Bausteine für ein neues Weltbild, München 1983

Dethlefson, Thorwald: Das Leben nach dem Leben, München 1974

Dürkheim, Karlfried Graf: Der Alltag als Übung, Wien 1980

Ferguson, Marilyn: Die sanfte Verschwörung, Basel 1982

I Ging: Texte und Materialien, 1977

Neumann, Erich: Die große Mutter, Zürich 1984

Ranke-Graves, Robert von: Die weiße Göttin, Berlin 1981

Steiner, Rudolf: Die geistige Führung des Menschen und der Menschheit, Geisteswissenschaftliche Ergebnisse über die Menschheitsentwicklung. Dornach 1979
Ernährung und Bewußtsein. Themen aus dem Gesamtwerk, Stuttgart 1981

Schmid-Heinisch, Ruth: Frauenwende, München 1986

Tomkins, Peter und Christopher Bird: Das geheime Leben der Pflanzen, Frankfurt am Main 1983

Bibliographie

1) **Acciardo, Marcia M.:** Light Eating for Survival, Omago D'Press, Wethersfield, Conn. 1978

2) **Allgeier, Kurt:** Die Enzym-Therapie, Econ-Verlag, Düsseldorf 1978

3) **Aubert, Claude:** Das Große Buch der Biologisch Gesunden Ernährung, Orac-Verlag, Wien 1979

4) **Becker, Dr. med. F.:** Hier irrt die Menschheit – Die Fleischernährung, der folgenschwerste Irrtum der Menschheit, Waerland Verlagsgenossenschaft eG., Mannheim, o. Jahresangabe

5) **Becker, Dr. med. F.:** Das grüne Blatt, in: Waerland, Monatshefte, Zeitschrift für Waerland-Lebensführung und Gesundheitsvorsorge, Waerland Verlagsgenossenschaft eG., Mannheim, Heft 2, Februar 1978

6) **Bertolami, Silvio:** Für wen die Saat aufgeht, Z-Verlag, Basel 1981

7) **Bingen, Hildegard von:** Heilkunde, Hrsg.: Otto Müller Verlag, Salzburg

8) **Bircher-Benner, Max:** Eine neue Ernährungslehre, Wendepunkt-Verlag, Zürich 1937

9) **Bircher-Benner, Dr. Ralph:** Gesünder durch weniger Eiweiß, Bircher-Benner-Verlag, Bad Homburg 1982

10) **Brothwell, Patricia und Don:** Manna, Hirse, Zabern-Verlag, Mainz 1984

11) **Brecht, Eduard A.:** Deine Ernährung ist dein Schicksal, Brecht-Verlag, Karlsruhe 1976

12) **Brecht, Eduard A.:** Weltintelligenz als Lehrmeister, Brecht-Verlag, Karlsruhe 1982

13) **Brecht, Eduard A.:** Kochbuch für schlemmerhafte Anti-Krankheitskost, Brecht-Verlag, Karlsruhe 1976

14) **Bristow, Alec:** Wie die Pflanzen lieben, Scherz Verlag, München/Bern 1979

15) **Carson, Rachel:** Der Stumme Frühling, Verlag C. H. Beck, München 1976

16) **Cross Whyte, Karen:** The Complete Sprouting Cookbook, Troubador Press, San Francisco 1973

17) **Dorz, Camille:** Von den wunderbaren Heilwirkungen des Kohlblattes, erhältlich beim Verfasser, Les Geneveys-Sur-Coffrane (Neuenburg, Schweiz), o. Jahresangabe

18) **Evers, Dr. Joseph:** Warum Evers-Diät?, Haug Verlag, Heidelberg 1984

19) **Günter, Ernst:** Lebendige Nahrung, Selbstverlag E. Günter, Herzogenbuchsee 1981

20) **Fischer, Claudia und Reinhold:** Tu was! Das Umweltbuch zum Mitmachen, Ullstein Verlag 1984

21) **Gebser, Jean:** Gesamtausgabe, Band II, Novalis Verlag, Schaffhausen 1978

22) **Goethe, Johann W. von:** Metamorphose der Pflanzen, Verlag Freies Geistesleben, Stuttgart 1985

23) **Hagiwara, Yoshihide:** Young Barley Plant Juice, Hrsg.: The Green and Health Association, Tokyo, April 1980

24) **Hagiwara, Yoshihide:** Barley Juice: A New Food to Protect Environmental Pollutans, in: Total Health Magazine, May 1982

25) **Hawken, Paul:** Der Zauber von Findhorn, Heinrich Hugendubel Verlag, München 1982

26) **Heß, Dieter:** Pflanzenphysiologie, UTB-Verlag, Stuttgart 1981

27) **Jeans, Helen:** Getreide, Nüsse, Samen, Hörnemann Verlag, Bonn 1982

28) **Jensen, Bernard:** Health Magic through Chlorophyll from Living Plant Life, BiWorld Publishers, Utah 1980

29) **Kenton, Leslie und Susannah:** Raw Energy, Century Publishing, London 1985

30) **Kirschner, H. E.:** Nature's Healing Grasses, H. C.White Publications, Riverside, California 1980

31) **Kollath, Prof. Dr.Werner:** Die Ordnung unserer Nahrung, Haug Verlag, Heidelberg 1981

32) **Kollath, Prof. Dr.Werner:** Getreide und Mensch – eine Lebensgemeinschaft, Helfer-Verlag E. Schwabe, Bad Homburg 1980

33) **Kubota, Dr. Kazuhiko:** Anti-Inflammatory and Anti-Peptic Ulcer Agents in Barley Leaves, in: Extracts from the 101st Annual Meeting of Japan Pharmaceutical Society, April 1981

34) **Kulvinskas, Viktoras:** Leben und Überleben, F. Hirthammer Verlag, München 1980

35) **Kulvinskas, Viktoras:** Sprout for the Love of every Body, Omangod Press, Woodstock Valley, o. Jahresangabe

36) **Kupfer-Koberwitz, Edgar:** Die Tierbrüder, Waerland Verlagsgenossenschaft eG., Mannheim, 4. Auflage, o. Jahresangabe

37) **Lai, Dr. Chiu-Nan:** The Inhibition of in Vitro Activation of Carcinogens by Wheat Sprout Extracts, in: Nutrition and Cancer, Vol. 1, Nr. 1, Fall 1978

38) **Meyerowitz, Steve:** Course Guide C: Grass Juice, The Sprout House, Eigenverlag, Sheffield MA, 1984

39) **Moore-Lappé, Frances:** Die Öko-Diät, Fischer Alternativ-Verlag, Frankfurt 1980

40) **Novalis:** Briefe und Werke, Dritter Band, Die Fragmente, Verlag Lambert Schneider, Berlin 1943

41) **Oliver, Martha H.:** Add a Few Sprouts, Keats Publishing, New Canaan, Conn. 1975

42) **Ostertag, Walter:** Lebende Makromoleküle als Lebenselixier, Humata Verlag, Bern, o. Jahresangabe

43) **Pelt, Jean-Marie:** Pflanzenmedizin, Econ Verlag, Düsseldorf 1983

44) **Pelt, Jean-Marie:** Das Leben der Pflanzen, Econ Verlag, Düsseldorf 1982

45) **Phillips, David A.:** Gesunder Boden, Gesunde Seele, Aurum Verlag, Freiburg 1979

46) **Pollak, Kurt:** Wissen und Weisheit der alten Ärzte, Econ Verlag, Düsseldorf 1968

47) **Popp, Dr. Fritz-Albert:** Neue Horizonte in der Medizin, Haug Verlag, Heidelberg 1983

48) **Reckeweg, Dr. H.-H.:** Schweinefleisch und Gesundheit, Aurelia Verlag, Baden-Baden 1977

49) **Renzenbrink, Udo:** Zeitgemäße Getreide-Ernährung, Rudolf-Geering-Verlag, Dornach 1979

50) **Renzenbrink, Udo:** Die sieben Getreide, Rudolf-Geering-Verlag, Dornach 1981

51) **Renzenbrink, Udo:** Zum Reaktorunfall in Tschernobyl, in: Ernährungsrundbrief Nr. 58, 1986, Hrsg.: Arbeitskreis für Ernährungsforschung, Bad Liebenzell

52) **Renzenbrink, Udo:** Vom Kräftewirken in der Nahrung, in: Ernährungsrundbrief Nr. 59, 1986, Hrsg.: Arbeitskreis für Ernährungsforschung, Bad Liebenzell

53) **Rückert, Ulrich:** Vitamine & Mineralstoffe, Ariston Verlag, Genf 1985

54) **Rusch, Dr. Hans Peter:** Naturwissenschaft von Morgen, Hans Georg Müller Verlag KG, Krailling 1985

55) **Schrödter, Willy:** Pflanzengeheimnisse, Schröder Verlag, Eschwege 1978

56) **Sievers, Dr. Eberhard:** Natur als Weg, Naumann Verlag, Mannheim 1985

57) **Stammel, Heinz J.:** Die Apotheke Manitous, Rowohlt-Verlag, Hamburg 1986

58) **Theodorus, Jacobus:** Kräuter-Buch, gedruckt zu Basel 1731

59) **Tobe, John H.:** Sprouts Elixier of Life. The Provoker Press, St. Catharines 1970

60 **Tompking, P. u. Bird, Chr.:** Das geheime Leben der Pflanzen, Scherz Verlag, München/Bern 1976

61) **Vester, Frederic:** Neuland des Denkens, Stuttgart 1980

62) **Weiss, R. F.:** Lehrbuch der Phytotherapie, Stuttgart 1984

63) **Wechselwirkungen:** Jahrgang 6, 4. Quartal, Nr. 23, November 1984

64) **Wigmore, Ann:** You are your own Healer, Eigenverlag, Boston, Mass., o. Jahresangabe

65) **Wigmore, Ann:** Rejuvenation, Eigenverlag, Boston, Mass. 1980

66) **Wigmore, Ann:** Recipes for Life, Rising Sun Publication, Boston, Mass. 1980

67) **Wurster, Gerda:** Auch dazu ward ihm der Verstand, edition wandlungen, Oldenburg 1978

68) **Zeschmar, B. u. Lahl, U.:** Wie krank ist unser Wasser?, Dreisam-Verlag, Freiburg 1981

Herstellernachweis

Geräte und Samen für die Sprossen- und Grünkrautzucht erhalten Sie bei:

Biokosma GmbH
Brühlstraße 15
78465 Konstanz
Tel. (0 75 33) 93 01 40
Fax (0 75 33) 93 01 30

Keimling Naturkost GmbH
Bahnhofstr. 51
21614 Buxtehude
Tel. (0 41 61) 51 16 0
Fax (0 41 61) 51 16 16
Email: naturkost@keimling.de
Internet: www.keimling.de

oder in Reformhäusern

Rezepte-Register

A

Adzukibohnen-Allerlei 248
Adzukibohnensprossen, eingelegte 248
Adzukibohnensprossen-Salat 248
Avocadocreme 239

B

Banane in Sesamhülle 291
Birnensalat mit Rettichgrün 286
Bockshornkleesprossen in Weißkohl 250
Broccolisuppe 244
Buchweizennudelsalat mit Bockshornkleesprossen 250
Buchweizen-Spinatsuppe 252
Buchweizengrün mit Kohlrabisalat 253
Bunter Roggensalat 283

C

Champignonsalat mit Senfgrün 288
Cremesuppe aus Erbsensprossen 256

D

Der große Kichererbsensalat für Gäste 266
Der vollwertige Salat 230

E

Erbsensprossensalat 254
Erdbeersorbet 245

F

Feigensalat mit Luzernegrün 277
Fenchelsalat mit Kichererbsensprossen 263
Fermentierter Gemüsetopf mit Erbsensprossen 254
Fruchtsalat mit Sonnenblumensprossen 296
Frühstück mit Sonnenblumengrün 295

G

Gebackene Banane im »Bockshorn« 251
Gefüllte Gurken mit Kürbissprossen 268
Gefüllte Tomaten im Reisbett mit Kresse 267
Gefüllte Tomaten mit Rettichgrün 287
Gemüsepastete im Buchweizenbett 253
Gerstensprossen gekrönt mit Pfirsichchutney 256
Gerstensprossensalat »Demeter« 259
Getreidepastete aus Gerstensprossen 258
Grassäfte 222
Gurkencreme 239

H

Hirsemilch 261
Hirsesalat mit Bockshornkleegrün 251
Hirsesalat mit Rettichgrün 286
Hirsesprossen mit Melone 260
Hirsesprossen mit Rotkohlsalat 261
Hirsesprossen-Linsenbrot 260

K

Kartoffelsuppe mit Kresse 267
Kichererbsenbällchen 266
Kichererbsen-Sesam-Paste 263

Kichererbsensprossenpaste »Hommos Bi Tahini« 264
Kürbiscreme 268
Kürbiskäse 268
Kürbispaste mit Sesam 235

L

Leinsamengrün mit gesäuertem Reis 272
Leinsamengrün mit Mandarinen 272
Leinsamen-Nußbutter 270
Leinsamensprossen mit Blumenkohl 271
Leinsamensprossenmüsli 270
Linsensprossen auf Apfelscheiben 273
Linsensprossen im Tomatenfond 276
Linsensprossensalat mit Croûtons 273
Luzernegrün mit Melonenwürfeln 278

M

Mandelpaste mit Rettich 237
Mandelpaste mit Sonnenblumenkernen 234
Mandelpaste mit Tomaten 235
Möhrencreme 240
Morgensalat mit Sonnenblumensprossen 298
Mungbohnen, »Reingelegte« 279
Mungbohnensprossen mit Blumenkohl 281
Mungbohnensprossen mit Champignons 280
Mungbohnensprossen in einfacher Brühe 282
Mungbohnensprossen mit Reis 281

O

Obstcreme 243
Orangensorbet mit Bockshornkleesprossen 245

P

Pastete aus Weizensprossen 301
Pinienkernpaste alla Pest 236

R

»Reingelegte« Mungbohnen 279
Reissalat mit Bockshornkleegrün 251
Roggenbällchen 283
Roggenmüsli 285
Roggenpaste in Weißkohlblätter gewickelt 285
Rote-Bete-Creme 243
Rote-Bete-Suppe mit Weizensprossen 299
Rot-weißer-Salat mit Sonnenblumengrün 298

S

Salatsauce 234
Selleriecreme 243
Senfgrün im Orangensalat 288
Senfgrün mit Chicorée 289
Sesamkonfekt 290
Smaragdsakat mit Sonnenblumengrün 298
Sojabohnenkroketten 294
Sojabohnensprossen – pfannengerührt 294
Sojabohnensprossen mit Nudeln 292
Sojasauce 298
Sonnenblumensprossen mit Zucchiniraspeln 295

Sonnenchapatis mit Weizensprossen 299
Spinatcreme 240
Suppe aus Kichererbsensprossen 263

T

Vorspeise für ein Festessen mit Sonnenblumengrün 296

W

Walnußpaste mit Champignons 236
Warmer Kartoffelsalat mit Luzernegrün 277
Weißkohl-Linsensprossensalat 276
Weißkohlsalat mit Sesamsprossen 290
Weizengrün 302

Stichwortverzeichnis

A

Adzukibohne *19*, **98ff**, *99*, 168, 192
Agar-Agar 220
Alfala s. Luzerne
Aminosäuren 25, 214, *227*
Amylase 28
Antikrebsfaktoren 23f, 56, 90, 190
Antikrebs-Vitamin (B_{17}) 188
Ascorbinsäure (Vitamin C) 31, 33
Ätherische Öle 62, 63
Aufgeschlossene Nahrung 46
Aura 54, **195ff**
Auxone 24, 110
Ayurveda 127
Azuki-, Adukibohne s. Adzukibohne

B

Bierwurz, -rettich s. Rettich
Bioenergie 202
Biokatalysatoren 28
Biologischer Wert 25
Biotin (Vitamin H) 33
Bitterkraut s. Kresse
Bitterstoffe 62f, 70
Blattgrün s. Chlorophyll
Blutrot s. Hämoglobin
Bockshornklee *62*, 63, **103ff**, 192, *200*
-grünkraut **107**
-sprosse 104
Bohnensprossen (allgemein) 16ff
Brunnenkresse 131
Buchweizen **109ff**
-grün *83*, **109ff**

C

Canavanin 76, 153, 211
Chemiedüngung 41, 85
Chemikalien 40, 68
Chick pea s. Kichererbse
Chlorophyll 17, 26, 48, 50, **52ff**, 54, 59, 72, 92, 110, 120, 187, 190, 209
-träger 230
Cholingehalt 124
Cicer arietineum s. Kichererbse
Cobalamin (Vitamin B_{12}) 33
Coenzyme 209
Curcubitapepo s. Kürbis

D

Dextrin 26

E

Echter Flachs s. Leinsamen
Elektrofotografie im Hochfrequenzfeld s. Kirlianfotografie
Elektronenspeicherung 48
Emulsin 28
Energie
-stoffe 226
-strahlung 25
Entartungserscheinungen 30
Entschlackungskuren 168
Enzyme 25f, **28f**, 30, 33, 35, 55, 209, 222
-essentielle 28
Erbse 32, **113ff**, 192
-sprosse **115f**
Erde **85ff**
Essig 232
-mutter 232
Eßkultur **204ff**

F

Fenugräk s. Bockshornklee
Fermentierung 232, 238
Fleisch 16, **212ff**
-ersatz 21
Fragopyrum esculentum s. Buchweizen

Franzweizen s. Buchweizen
Fremd- und Schadstoffe 34

G

Gärung 70, 178, 232
Garbanzo s. Kichererbse
Gase 79, 116, 129, 168
GAU 14
Gekochte Speisen **207ff**
Gelbe Sojabohne 32, **175ff**, 192
-sprossen **177f**
Geräte für die Grünkrautzucht **83ff**
– für die Sprossenzucht **74f**
Gerste 32, 55, **117ff**
-grün 119
Gerstensaft s. Grassaft
-sprosse 119
-sud 119
Gesamtordnung des Kosmos 206
Geschmack 48
Geschmacksgewohnheiten 38
Getreidesäfte 21
Gewürzsamen 220
Gift 15f, 22, 26, 33, **39ff**, 51, 55, 67, 70, 212
– natürliche Gifte 26, 210
Glycine max. s. Gelbe Sojabohne
Gottesauge s. Sonnenblume
Gram s. Kichererbse
Grassaft 55, 58, **222ff**
– s. auch Weizengrassaft
Griechisches Heu s. Bockshornklee
Grundrezepte **234ff**
Grüne Sojabohne s. Mungbohne
Grünkrautzucht (allgemein) **83ff**
– Tabelle zur 194

H

Haden s. Buchweizen
Hafer 120
Hämagglutinin 210
Hämoglobin 35, 52, 53f
Health Food Scene 22, 24
Heidel (Heiden, Heidegrütze, Heidekorn, Heidewegtritt) s. Buchweizen
Heilerde 72
Heilkraft 211
-mittel 18, 23f, 52
-nahrung 23f, 41, 208
-stoffe 17
-wirkung 51, 55, 63, 167, 169, 222
Helianthus annus s. Sonnenblume
Hirse **123ff**, 192
-sprosse **124f**
»Höhere Baupläne« 202
Hordeum vulgare; -distichum s. Gerste
Hormone 119
Humus 29, **85ff**
Hydrokultur 83f, **90ff**
– geräte 83, 90ff

I/J

I.E. 150
Immunsystem 17, 22, 56, 63
Invertase 28
Junk-Food 206

K

Kalzium 34, 36, 56, 124, 172f, 213
Karotin (Vitamin A) 32
Keimfähigkeit der Samen 54, 68f, 94
Keimpore 26
Keimzeit 31
Kelp 94, 220
Kerbs (Kerwes) s. Kürbis
Kersche s. Kresse
Kichererbse 66, **127ff**, 168, 192
-samen 66
-sprosse 127
Kieselsäure 123

Kirlianfotografie **196ff**
Kohlblatt **50f**, 54
Kompost 86
-würmer 87
Krebshemmende Wirkung s. Antikrebsfaktoren
Kresse *73*, **131ff**, 194
-kraut **132f**
Kuhhornklee s. Bockshornklee
Kulturpflanzen 98
Kürbis **135ff**
-sprosse **136f**

L

Lacto-Ovovegetarier 212
Lactovegetarier 212
Laetril 188
Laphyrus cicera s. Kichererbse
Learn by doing 23
Lebensmittel 24, 44ff
Lecithin 37, 109, 171
Leguminosen 31
Leinsamen *49*, **139ff**
-grün **142**
-sprossen **140f**
Lens Esculenta s. Linse
Lepidum sativum s. Kresse
Licht in der Sprossenzucht 72f
Lichtausstrahlung **194ff**
Linolsäure 182
Linse **145**, 192
-sprosse **146f**
Linum usiarissimum s. Leinsamen
Lipase 28
Luzerne 35, *42f*, **149ff**
-grüne **152**

M

Makromoleküle 29, 54
Maltose 26
mcg 150
Medicago sativa s. Luzerne
Mineralien und Spurenelemente 25f, **34f**, 55, 58f, 69, 222
– Tabelle der 178
Mungbohne 31f, 43, **80ff**, **153ff**, 192
-sprosse *156f*, **156f**

N

Nahrungsenergie 23, 43
Nahrungskette 16, 44
Nahrungsmittel 18, 47
– denaturierte 44
Natürliche Ernährung **208**
Niacin (Vitamin B_3) 32
Nitriloside 25
Nitrosamine 34
Nori 220
Nukleinsäuren 25

O

Öl 231
Ordnungs
-faktoren 25
-kraft 208

P

Panicum miliaceum s. Hirse
Pestizide 64
Pflanzenkunde 18
Pflanzliches Eiweiß 16, 213f
Phaeseolus angularis s. Adzukibohne
Phaeseolus mungo; -radiatus; -aureus s. Mungbohne
Pharmakologisch wirksame Substanzen 62
– s. auch Samenbiographie
Photosynthese 50, 72
Phytin 211
Phytotherapie **61ff**, 63, 168

Pilze (Schimmel) 94
– s. auch Schimmelbildung
Pisum sativum s. Erbse
Plastiksack als Tütentreibhaus 89
Plutzer s. Kürbis
Polypeptide **56**
ppm 150
Protase 28
Protein 16, 25f, 28, 41, 55, 175, 182, 214, 226ff
– s. auch Samenbiographie

R

Radi s. Rettich
Raphanus sativus; -nigra s. Rettich
Regenwürmer 86
Rettich *64*, **159ff**, 194
-grün 64, **160**
Retwurzel s. Rettich
Riboflavin (Vitamin B_2) 32
Rispenhirse s. Hirse
Rockenkorn s. Roggen
Roggen **163ff**, 192
-grün 165
-sprosse 164
Rohkost 25, 208ff, **210f**
Rote Sojabohne s. Adzukibohne
Rundgurke s. Kürbis
Rutin 109, 112, 163

S

Saatgut **54ff**, 67, **67ff**, 89
Samenmischungen 70
Scharfstoffe 62
– s. auch Samenbiographie
Schimmelbildung 69, 92, **94**, 169, 192, 231
Schneckenklee s. Luzerne
Schönheitsmittel 171, 222
Secale sereale; -ancestrale; -montanum s. Roggen
Sekretine 62
Semen lini s. Leinsamen
Senf 70, **167ff**
-grün **168f**
-sprosse 168
Sesam **171ff**
-sprosse **172f**
Sesanum indicum s. Sesam
Sinapis alba; -negra s. Senf
Skorbut 20f
SOD 56
Sojabohnensprossen als Heilmittel 18, 21
– s. auch Heilmittel
Soja hispida s. Gelbe Sojabohne
Sonnenblume **181ff**, 192, 227
– Grünkraut der 184
-sprosse **183f**
Sonnenkrone s. Sonnenblume
Sonnenlichtwertige Potentiale 54, 152, 190, 209
Sonnensalate **226ff**
Sprossenreste 215
Sprossenzucht (allgemein) **70ff**
– Tabelle für die 192f
Stoffwechselprozesse 34, 45, 74
– s. auch Samenbiographie
Strahlungsfähigkeit 54

T

Tahini 220
Tamari 220
Thiamin (Vitamin B_1) 32
Tocopherol (Vitamin E) 34
Tofu 220
Trigonella foenum graecum o. Griechisches Heu s. Bockshornklee
Triticum sativum s. Weizen
Trypsin 210f
Tschernobyl 14, 34
Türkenkorn s. Buchweizen

U

Übergewicht **44f**
Urdbohne s. Mungbohne

V

Vegan 212
Vegetarier 212
Verdaulichkeit 37
Verdauung 18, 171, 215
Viriditas 51
Vitalstoffe 209
Vitamine **24ff**, 25f, 52, 56, 58f, 70, 119f, 149, 152, 188, 213, 222
– s. auch Samenbiographie
– Tabellen 58f, 211
-verlust 211
Vollwertnahrung 44, 215, 230

W

Wasser in der Sprossenzucht 71
Weizen 57, **187ff**, 192, 196
-gras 57
-gras, -grün 87, 93, **190**
-grassaft 58, **58f**
-sprossen 188f
– Tabellen 190f
Wurzelmatte 87
Würzkräuter **60ff**, 61, 65
– s. auch Samenbiographie

Z

Zellatmung 54
-stoffwechsel 54, 56
Ziegenhornklee s. Bockshornklee
Zitterbohne s. Kichererbse
Zutaten in der Sprossenküche **220f**